개성교육

Individual Education

개성교육

발행일	2017년 2월 22일		
지은이	김 일 남		
펴낸이	손 형 국		
펴낸곳	(주)북랩		
편집인	선일영	편집	이종무, 권유선, 송재병, 최예은
디자인	이현수, 이정아, 김민하, 한수희	제작	박기성, 황동현, 구성우
마케팅	김회란, 박진관		
출판등록	2004. 12. 1(제2012-000051호)		
주소	서울시 금천구 가산디지털 1로 168, 우림라이온스밸리 B동 B113, 114호		
홈페이지	www.book.co.kr		
전화번호	(02)2026-5777	팩스	(02)2026-5747
ISBN	979-11-5987-433-8 03370(종이책)		979-11-5987-434-5 05370(전자책)

이 도서의 국립중앙도서관 출판예정도서목록(CIP)은 서지정보유통지원시스템 홈페이지(http://seoji.nl.go.kr)와
국가자료공동목록시스템(http://www.nl.go.kr/kolisnet)에서 이용하실 수 있습니다.
(CIP제어번호 : CIP2017004430)

(주)북랩 성공출판의 파트너

북랩 홈페이지와 패밀리 사이트에서 다양한 출판 솔루션을 만나 보세요!

홈페이지 book.co.kr　　　　　　　1인출판 플랫폼 해피소드 happisode.com
블로그 blog.naver.com/essaybook　　원고모집 book@book.co.kr

Individual Education

꿈과 창의력을 키우는 여섯 가지 학습전략

개성
교육

김일남 지음

북랩 **book** Lab

개성대로 자라도록 해야
꿈을 일군다

스티브 잡스가 남긴 메시지 중 하나는 "사랑하는 이를 찾듯이 사랑하는 일을 찾으라"입니다. "머무르지 말라, 다음 일을 생각하라, 뭔가 멋지고 놀랄 만한 일을 찾으라"고도 했습니다. 우리가 사랑해야 할 일이 어머니의 마음으로 학생들을 잘 가르치라는 것이라 생각합니다.

그럼, 이 글을 정리한 저자는 어머니와 같은 마음으로 학생들을 잘 가르쳤는지를 되돌아보면서 『예기(禮記)』의 '학기(學記)'편에 나오는 '교학상장(教學相長)'을 읊어 봅니다.

"아름다운 요리가 앞에 있어도 먹어보지 않으면 그 맛을 알 길이 없고, 지극한 도리가 앞에 있어도 배워보지 않으면 그 위대함을 알 길이 없다. 그러므로 배우고 난 연후에나 비로소 교육의 부족함을 깨닫고, 가르쳐 보고 난 연후에나 비로소 교육의 곤욕스러움을 깨닫는다. 자신의 부족함을 깨달은 연후에 사람은 진정으로 자기를 반성할 수 있고, 교육의 어려움을 깨달은 연후에 교육자는 자신의 실력을 보강하게 된다. 그러므로 말하노라! 스승은 학생을 가르침으로서 성장하고, 제자는 배움으로써 성장한다."

교실을 나온 이제야 비로소 뭇 제자들에 대한 가르침이 부족했음을 깨닫습니다. 그러니 가르치는 실력을 보강한들 다시 교실에 들어갈 수는 없는 노릇이니, 이 일을 어찌할 것인지 자문자답해 봅니다.

그렇습니다. 교실에 다시는 들어갈 수는 없지만, 내가 다시 하고픈 가르침을 글로 남기면, 이 책을 접하는 독자로 하여금 가르치는 기회가 생길 것이고, 또 다른 교학상장 방안이 있노라고 전하고 싶어 이 책을 엮었습니다.

이 책 구성의 틀은 꿈을 정점으로 창의성 교육, 의사소통, 자기주도적학습, 교육환경, 인성 등 여섯 마당입니다.

교육의 궁극적 목적은 개개인이 지닌 개성을 발굴하고 키워서 개인이 지향하는 꿈을 만들어 갈 수 있도록 하는 데 있습니다. 꿈을 이룬 사람은 성공에 이를 수 있어 개인적으로 행복한 삶을 누릴 수 있습니다. 그래서 이 책을 『개성교육』으로 제목을 붙였습니다.

그리고 저에게 꿈을 실현하는 공부를 하고자 할 때 어떻게 하겠냐고 학습전략을 묻는다면 저는 공부하기 좋은 환경에서(교육환경) 공부 감에 대한 궁금증을 갖고 현대 사회에서 요구되는 능력 중 으뜸으로 여기는 자기 스스로 알아서 일을 수행하는 주체가 되어(자기주도적학습) 남다른 생각을 할 줄 아는 방법을 터득하고(창의성 교육) 질 높은 생각하는 힘을 키우는 의사소통이 필요하며(의사소통), 튼튼하게 다진 내 인성을 경쟁력으로(인성) 꿈을 펼치겠노라고 대답하겠습니다.

이 책은 실제의 사례와 증빙자료를 제시하고 지도방법을 제시하거나 교육이론과 사회과학적 지식도 가미하고 교육적 고전이나 고전 인물의 말씀들을 인용하여 내용의 신뢰성을 높이는 데 노력했습니다.

그렇다고 이 책이 새로운 교육이론을 제시하거나 발표되지 않은 교육적 논의점을 정리한 것은 아닙니다. 어쩌면 자주 접하는 내용들이며 실증사례들을 가지런히 정리했다고 함이 타당할 것입니다.

이제 우리나라 교육에서는 가르치는 방법이 달라져야 합니다. 공부하는 학생 저마다의 독특한 개성이 있음에도, 아직도 교실 현장에서는 일률적인 개성교육(Individual Education)을 지양하여 획일화 교육에 심혈을 쏟고 있습니다. 어쩌면 저마다의 개성도 간추려 보지 않고 동일한 공간에서 동일한 내용을 한날한시에 집어넣고 있습니다.

따라서 산업사회 생산 모형인 소품종 다량 생산 방식을 탈피하여 다품종 소량 생산 방식으로 개성화 교육을 지향해야 합니다.

그리고 개인이 좋아하고 즐거워서 참여하는 특성화 교육이 오늘을 살아가는 최적한 교육방식입니다. 무조건 많이 집어넣고 달달 외우며 다져온 교실이 가장 훌륭한 학습 공간이라는 성전의식을 벗어나야 합니다. 교실 밖 울타리 넘어 다양한 학습현장에서 체화한 '생물지식'을 얻어야 합니다. 아마도 '생물지식'이란 단어는 필자가 처음 사용하는 용어로 생물 교과의 지식이 아니라 현장에서 체험으로 얻는 지식을 말합니다. 생물지식은 현재를 살아가는 데 유용한 가치 있는 지혜입니다.

이 글들은 모두 교육현장에서 경험하고, 생각하고, 느낀 것을 나타낸 것으로 같은 경험이나 같은 생각을 한 독자가 있으리라 사료됩니다. 혹여나 잘난 체한다는 무언의 채찍도 있으리라 봅니다.

끝으로 자료 인용을 사실대로 밝히려고 노력하였으나 저자가 교육현장에서 수시로 작성한 메모의 이용도 많아 출처를 밝히지 못한 부분도 있음을 말씀드립니다. 더불어 이 책을 접하는 독자께서는 미흡하고 부족한 점이 있음을 지적할 것입니다. 그렇더라도 보완하시고 덧붙이시어 더 좋은 개성교육의 이정표를 가늠하는 데 도움이 되시기를 바랍니다.

2017년 2월
김길남 드림

차례

3장 질문이 있는 교실에서 생각이 자란다 / 107

4장 공부는 내가 하는 것이다 / 161

1장

꿈을
꾸어야
꿈을
이룬다

꿈을 꾸어야 꿈이 시작됩니다.
꾸지 않는 꿈은 이루어지지 않습니다.
꿈을 가진 자만이 꿈에 다가갑니다.
그래서 꿈은 만들어 가는 것입니다.

꿈은
만들어 간다

일개인이 그려보는 꿈은 인생의 목표일 수도 있고 목표를 좇아가는 동기일 수도 있습니다. 꿈은 노력 없이 저절로 이루어진 것이 아니고 바람입니다. 그래서 꿈은 목표입니다. 꿈은 바람이기에 그 바람을 이루기 위해 무엇을 해야겠다는 점에서 동기붙임이기도 합니다. 때문에 꿈을 그려보는 사람이라면 목표를 보다 수월하고 즐겁게 정진하겠다는 이정표를 갖게 되는 것입니다.

꿈은 결코 태어나지 않습니다. 꿈이 태어난다면 교육이 필요 없습니다. 꿈을 갖도록 하기 위해 교육이 이루어집니다. 중국 고사에 '개별 취향이나 목표에 따라 각각 다른 길을 간다'는 의미를 지닌 분도양포(分道揚鑣)라는 사자성어가 있습니다. 이 말은 '저마다의 개성에 초점을 두어야 한다'는 것입니다.

선생님은 학년 초가 되면 아이들에게 꿈이 무엇이냐고 묻습니다. 또는 아이들에게 꿈을 가지라고 말하기도 합니다. 우리는 아이들에게 꿈을 갖도록 강요만 했지, 꿈을 꾸도록 의도적으로 일러준 적은 없거나 있어도 드물었습니다. 저마다의 꿈을 그들의 가슴에 새겨지도록 따뜻이 일러주어야 합니다. 동화도 읽어주고 "옛날, 옛날 한 옛날에⋯⋯."라고 하면서 재미있는 이야기도 들려주거나 "누구는 이런 일도 했단다. 엄마는 최근에 영화를 감상했는데 이런 생각도 했었어. 이런 책을 한 번 읽어보렴." 이런 식으로 꿈을 꾸도록 일러줍니다. 꿈은 억지로 꿔지지 않으며, 남이 대신 꿔주지도 않습니다. 남이 대신 꿔주는 꿈은 억지 꿈입니다. 오로지 자기가 꾼 꿈이라야 꿈이 시작됩니다.

그래서 꿈은 개성과 같습니다. 애들이 가지고 있는 개성을 교사의 잣대로 판단하여 교사의 뜻대로 키워갈 수 없습니다. 그러나 아이들의 개성을 발굴하고 키울 수는 있습니다. 부모도 자녀들이 천부적으로 타고난 개성을 무시하고 부모의 잣대로 받아들이려고 필요 없는 애를 씁니다. 욕심이 앞서기 때문입니다. 교사와 부모는 애들이 개성대로 커 갈 수 있도록 욕심으로 채워진 곳을 비우고 사랑으로 채워줍니다. 채워준 사랑은 스스로의 꿈을 만들어 가는 자양분이 됩니다.

그렇습니다. 욕심으로 채워진 공간을 사랑으로 채워 줄 때 아이들은 그들의 세계를 만들어 갑니다. 그래서 우리 아이들이 저마다 '그려보는 꿈'을 키워 '실현된 꿈'을 이루도록 케어하는 개성교육 (Individual Education)이 필요합니다. 개성교육은 아이들의 나이가 어릴 때 이루어지는 것이 좋습니다. 어릴 때는 꿈을 찾고 꿈을 펼쳐 가게 하는 골든타임입니다.

꿈은 동무들과 숨바꼭질하면서도, 곤충이 기어가는 모습을 보고도 발견하게 됩니다. 부모가 자녀들과 손을 잡고 들로, 산으로, 자연 속을 거닐 때도 꿈을 발견하게 되고, 애들이 길거리에서 신문지와 빈 박스를 인력거에 싣고서 끌고 가는 할아버지 모습을 보고서도 남다른 꿈을 발견하게 됩니다. 옛날 옛적의 이야기를 들려주거나 호랑이가 담배를 피웠던 옛날이야기를 들려주어도 꿈을 발견하는 단초가 됩니다. 꿈을 찾도록 기회를 만들어 줍니다. 꿈은 억지로 생기지 않습니다. 애들이 꿈을 찾도록 하기 위한 노력은 의도적이지만 애들이 꿈을 발견하는 계기는 현실적으로 자연스럽게 이루어집니다. 꿈을 찾게 하는 일은 개성을 찾도록 하는 일입니다. 예컨대 개성교육(個性教育)은 애들 스스로가 행복한 미래를 만들어 가는 길입니다.

미국《타임》지에 21세기를 이끌 주요한 사람으로 선정되어 주목받은 바 있는 삭티 거웨인(Shakti Gawain)은 "목표는 항상 현실적으로 이루어질 가능성이 있으며 진실로 원하는 것으로 정하는 것이 바람직하다. 목표는 우리를 보다 편안하고 즐거우며 의욕적으로 만들어 줄 뿐만 아니라 우리의 시야를 보다 넓게 확장시켜 준다."고 말했습니다.

"오랫동안 꿈을 그리는 사람은 마침내 그 꿈을 닮아간다."는 프랑스의 앙드레 말로(Andre Malraux)의 역설처럼, 꿈을 꾸어야 꿈이 시작됩니다. 꾸지 않는 꿈은 이루어지지는 않습니다. 꿈을 가진 자만이 꿈에 다가갑니다. 그래서 꿈은 만들어 가는 것입니다.

꿈을 꾸는 사람은
행복하다

언제인가 '행복도 능력이다'라는 어구를 보고 "그게 맞아!" 하고 손뼉으로 답했습니다. 행복은 저절로 오지 않는다는 것입니다. 행복은 행복을 찾아 노력하는 사람에게만 살며시 다가오는 선물이며, 행복을 찾아 헤매는 수고가 없이 기다리는 사람에게 다가오는 행복은 수증기가 되어버릴 것입니다.

"이 나라를 가장 빛낼 사람이 교실 맨 뒷자리에 앉아 있을 수도 있다.", "꿈이란, 잠잘 때 꾸는 것이 아니다. 당신을 잠들지 못하게 만드는 것이 꿈이다." 이 말은 평생 '꿈'과 교육의 중요성을 설파하고 젊은이들과 대화하기를 즐긴 전 인도 대통령 압둘 칼람(Abdul Kalam)의 어록입니다.

인간에게 꿈이 없다면 무슨 재미로 인생을 엮어갈 것인가? 아마도 꿈이 없는 사람은 행복을 기약할 수 없을 것입니다. 행복은 공짜가 아닙니다. 꿈을 찾아 발로 뛰는 노력의 결실입니다.

이번에 사법고시에 불합격한 사람도 다음을 위해 또다시 머리를 쥡니다. 어떤 이는 이 같은 일을 반복하기도 합니다. 꿈이 있기에 이런 실패도 감수합니다.

소박한 이야기이지만 개그맨 김병만을 소개하고자 합니다.

개그맨 김병만은 『꿈이 있는 거북이는 지치지 않습니다』라는 자서전을 발간했습니다. 토끼와 거북이의 일화에서 거북이는 승리합니다. 거북이의 승리는 노력의 대가로 표현됩니다. 김병만은 자신을 거북이로 표현하면서 그는 거북이처럼 포기하지 않고 2002년 8번째 도전하여 개그맨 공채시험에 합격했다고 토로했습니다. 김병만은 이전에 자신의 꿈을 펼치고자 예술대학과 개그맨 공채시험에 도전했지만, 그 결과는 비참했고 개그맨 공채시험은 7번 낙방을 했다고 합니다. 김병만이 인생을 바꾸게 된 계기는 '개그콘서트'의 '달인'이라는 코너를 하면서부터입니다. 김병만은 '달인'이라는 코너의 인기가 솟구치자, 더욱더 관객에게 기쁨을 주기 위해 한 소재의 달인이 되고자 일주일 동안 피를 깎는 노력을 했고, 이러한 노력을 사람들이 알아주자 '달인'이라는 코너는 국민코너로 자리 잡았습니다. 국민코너로 자리 잡기까지는 그 자신을 운으로 평가하지 않고 노력의 산물로 평가했습니다. 비록 그는 출발은 불운했지만 국민 개그맨이 되었습니다. 160㎝도 되지 않는 그는 공부도 열심히 했습니다. 건국대학교 대학원 건축공학과, 동양대학교 영상학과, 백제예술대학 방송연예과를 졸업하는 등 그는 스스로를 다듬어 남에게 감성을 나누어주었고 개그맨으로 성공했습니다. 그래서 누가 뭐래도 개그맨으로 성공한 그를 행복한 사람이라고 평가하지 않을 수 없습니다. 그가 행복을 맞이할 수 있었던 것은 누구나 가질 수 있는 핸디캡에 주목하여 부족한 점을 오히려 장점으로 여기고 쓰디쓴 노력으로 정상에 올랐기에 가능했습니다.

김병만이 이룬 꿈처럼 꿈은 정진을 위한 에너지원입니다. 만일 어느 날에 행복을 찾아 헤매는 수고가 없이 행복이 다가온다 할지라도 이를 맞이하는 사람은 행복할 리가 없을 것입니다. 행복이 무엇인지 모르기 때문입니다. 그래서 행복은 이를 찾아 헤매는 노력을 쏟는 사람에게만 맛볼 수 있는 대가입니다. 노력은 행복을 찾는 사람에게는 필요충분조건입니다. 노력도 그 부피가 클 때 이에 비례해서 행복도 크게 와 닿을 것입니다. 그래서 오늘 노력을 쏟는 과정에서 입이 쓰고 애달프고 땀이 방울지는 수고일지라도 꿈을 찾게 된다면 행복을 만끽할 것입니다.

스튜어트 에이버리 골드는 『핑(Ping)』에서 이렇게 역설하고 있습니다.

네가 꿈을 꾸지 않는 한,

꿈은 절대 시작되지 않는단다.

언제나 출발은 바로 '지금, 여기'야.

때가 무르익으면, 그럴 수 있는 조건이 갖춰지면, 하고

미루다 보면, 어느새 현실에 파묻혀 소망을 잃어버리지.

그러므로 무언가 '되기(be)' 위해서는 반드시

지금 이 순간 무언가를 '해야(do)'만 해.

먼저 꿈을 꾸지 않으면 행복을 맛볼 수 없습니다. 무언가 되기
위해 무언가를 하지 않기 때문입니다.

자기 꿈을 이룬 사람은
자신감이 있다

자기가 하지 않은 일을 남이 하거나 나보다도 잘하면 스스로를 위축시켜 해낼 수 있는 일도 어렵게 만듭니다. 어른이고, 아이들이고 자신감이 없거나 부족하면 나타나는 현상입니다.

『나를 믿는 긍정의 힘 자신감』의 저자인 로버트 앤서니는 심리학자이며 심리치료사로 세계적인 성공코치입니다. 그는 지난 30년간 성공한 사람들의 특성을 연구하면서 개개인이 가진 마음의 놀라운 힘과 신비함에 주목했습니다. 또 성공이란 자신이 가진 위대함을 스스로 인식하고 활용하는 데서 시작된다는 것을 알게 되었습니다. 이처럼 자신감은 놀라운 기적을 만듭니다. 이를테면 자신감은 경기를 승리로 이끌고, 장벽을 넘어서게 하며, 새로운 도전을 가능케 합니다. 무엇보다 자기 인생의 주인으로 살 수 있도록 도와줍니다. 그럼에도 불구하고 자신감이 넘치는 인생을 산다는 것은 생각보다 쉽지 않다고 강조합니다. 우리 앞에는 무수하게 '하지 못할 이유', '하기 어려운 까닭'이 있는데, 이러한 저항을 극복하고 인생의 어느 순간이든 자기 확신과 긍정으로 가득 찬 자신감 있는 삶을 살 수 있는 방법은 무엇인지를 이 책에서 밝혔습니다. 로버트 앤서니는 자기 스스로를 가두고 있는 마음의 감옥을 빠져나와야 한다고 말합니다. 그는 자기를 가두고 있는 마음의 감옥을 빠져나와 자기가 가진 능력을 마음껏 발휘할 수 있는 방법으로 올바른 자기 인식, 그리고 자존감과 마음의 힘을 키우는 일을 강조했습니다.

자신감을 갖기 위해서는 자기 자신을 진단해야 합니다. 중국 고사에 '개별 취향이나 목표에 따라 각각 다른 길을 간다'는 의미를 지닌 분도양표(分道揚鑣)라는 사자성어가 있습니다. 본디 교육은 애들 저마다의 개성에 초점을 두어야 한다는 것입니다. 개성에 따라 자기 길을 가기 위해서는 우선 자기 강점을 찾는 일입니다. 강점은 내가 잘하는 일입니다. 누구나 잘하는 것이 한 가지씩은 있습니다. 내가 잘하는 것이 없다고 하면 좋아하는 것을 찾아야 합니다. 잘하는 것은 적성(適性)과도 같으며 좋아하는 것은 취미입니다. 취미가 적성일 수도 있지만 좋아하는 취미를 좋아하다 보면 그것이 내가 갖는 강점입니다. 좋아하는 일은 공부일 수도 있고, 운동일 수도 있으며, 음악일 수도 있습니다. 공부가 힘들고 운동은 쉬운 것은 아닙니다. 공부하는 사람은 공부가 좋아서 좇는 일이고, 운동을 좋아하는 사람은 운동을 좇는 것입니다. 공부를 열심히 하다 보면 과학자가 되는 것이고, 운동을 열심히 하면 최고의 스포츠맨으로 성장할 수 있습니다. 자신의 강점을 알지 못하면 남들이 잘하는 것만 자꾸 눈에 띄고 크게 보입니다. 그러다 보면 내가 잘하지 못하고 남보다 못함을 스스로 자책하여 낙오자가 됩니다. 그러나 강점을 파악하게 되면 이왕에 하는 일 앞서가는 사람이 되어야 한다는 포부를 갖게 됩니다.

다음으로 자신감을 갖기 위해서는 작은 것부터 차근차근해야 합니다. 좋아하는 일이나 잘하는 일을 찾아 작은 것부터 하나하나 해결하여 완성의 기쁨을 맛보도록 합니다. 작은 경험이 쌓여 큰 힘을 발휘하는 에너지로 환원할 수 있습니다. 자신감이 쌓인다는 것입니다. 단번에 큰 것부터 하려다 실패한다면 실패의 충격이 커집니다. 실패의 충격이 커지면 자신감은 점차 사라집니다. 개인적으로 실패의 경험이 많아지면 하는 일마다 벽에 부딪힌다는 트라우마가 자랍니다. 작은 일부터 완수하는 경험을 맛보면 '나도 할 수 있다'는 것을 깨닫게 됩니다. 이런 성취의 기쁨을 맛보다 보면 스스로를 인정하게 되어 자신감이 자랍니다. 실패의 경험을 스스로 용인해 주는 태도가 자신감을 키우는 데 큰 역할을 합니다. 실패의 경험도 귀중한 자산으로 간주할 때 새로운 생각을 더해 더 큰 노력을 쏟습니다.

실패는 성공의 일상적인 한 부분입니다. 제임스 다이슨은 백리스 진공청소기를 만들기까지 5,126번이나 실패를 했습니다. 토마스 에디슨은 전구를 개발하기까지 1만 번이나 실패를 거듭했습니다. 성공하는 사람들은 결코 실패를 두려워하지 않는 자신감이었습니다. 그리고 훌륭한 어머니이자, 가장 아름다운 글을 쓰고 그림을 그리면서 자연과 함께 삶을 엮어간 타샤 투더는 "지름길을 찾으려고 하지 마세요. 가치 있고 소중한 것에는 시간과 정성이 반드시 따르는 법"이라고 인생을 가르쳤습니다. 차근차근하다 보면 그리고 가치 있는 것을 찾을수록 시간과 정성을 쏟으면 지름길이 생긴다는 평범한 진리를 일깨워 주었습니다.

　다음은 생각을 바꾸면 자신감이 생깁니다. 생각을 바꾼다는 것은 쉬운 일이 아닙니다. 쉬운 일이 아니기에 바꾸면 달라집니다. 생각을 바꾼다는 것은 자신감이 있기에 가능합니다. 자신감은 자기 마음을 너그럽게 확장하여 실수도 용인하고 실수를 하면서 배우는 자기주도적 능력을 키웁니다.

　노벨상을 수상한 모든 이들은 자기가 연구하여 밝히고자 하는 목표를 도달하기 위하여 실패와 실수를 자산으로 여겨 새로운 길을 찾았습니다. 실패와 실수가 있었기에 맛보는 성공감은 더 더욱 크게 다가왔을 것입니다. 이처럼 생각을 바꾼다는 것은 낡은 고정관념을 수정한다는 것입니다. 가는 길이 아닐 때 다른 길을 찾다 보면 새로운 길이 보입니다. 그 새로운 길은 자기가 찾는 또 다른 꿈입니다. 꿈을 꾸고 긍정적으로 자신감을 갖게 되면 자신이 원하는 만큼의 성취를 이룰 수 있는 진리입니다.

체화학습이
꿈을 키운다

체화학습은 체험이 있는 공부를 말합니다. 머리로만 공부하는 게 아니라 손과 발을 움직이는 활동을 통해서 이루어지는 공부를 말합니다. 자연을 직접 느끼며 관찰하는 학습, 각종 도구를 이용하여 실험하는 학습, 놀이나 기구 작동을 통하여 원리를 터득하는 학습 등이 바로 체화학습의 좋은 보기입니다.

1967년 필자가 중학교 2학년일 때 시골 오지인 전라남도 해남군 황산면 황산중학교에서 광주제일고등학교 합격한 경우는 일찍이 없었으나, 일 년 선배인 최행길 님이 광주제일고등학교에 합격하고 후배들을 위하여 들려준 소담을 아직도 기억합니다. 당시에는 시골 중학교에서 광주제일고등학교에 합격하는 일은 불가능했습니다.

그는 "수학을 제외한 모든 수험 교과목에서 만점을 맞았으나 수학에서 오답이 있어서 좋은 성적으로는 합격하지 못했다고 토로했습니다. 오답이 있게 된 이유는 평소 수학문제를 눈으로 보면서 머리로 풀이하는 습관 때문이라고 했습니다. 그러나 실제 수험장에서 연필을 잡고 풀이할 때는 해결이 어려워 오답을 쓸 수밖에 없었다."고 실토했습니다.

이를테면 머리로는 수학문제 문제해결 과정이 그림으로 그려졌으나 연필을 잡은 손은 생각대로 움직이지 않더라는 것입니다. 그래서 후배인 저희들에게 수학만큼은 머리로 풀지 말고 실제 연필로 풀이하는 습관을 갖도록 타일러 주었습니다.

미국 시카고대학교 심리학과 교수 수잔 골딩 메도우(Susan Goldin-Meadow)는 시험을 칠 때 학생들이 손을 자유롭게 움직이면서 문제를 풀도록 하면 수학문제를 더 잘 푼다는 사실을 발견했습니다. 그의 실험에 따르면 문제를 풀 때 손을 자유롭게 움직인 학생들이 그렇지 않은 학생들보다 정답을 1.5배나 더 잘 맞혔다는 결과를 발표했습니다.

세계적인 바이올린 연주자 정경화의 연주회에서 있었던 일입니다. 인터뷰를 하던 한 취재 기자가 이렇게 말했습니다. "당신은 천부적인 재능을 지녔군요." 그러자 정경화는 화를 내면서 자리를 박차고 일어났습니다. 왜 그랬을까요? "당신은 천부적인 재능을 지녔군요." 이 말은 얼핏 들으면 칭찬의 의미를 담고 있지만, 정경화에게는 언짢게 들렸습니다. 정경화는 닳고 닳아 희미해진 자신의 지문을 기자들에게 보여주었습니다. 정경화는 어렸을 때 하루 10시간 이상 연습을 했고 공연을 앞두고 한 곡을 연주하기 위해 1,000번 이상 반복 연습을 하는 연습 벌레였습니다. 모든 사람들은 그가 타고 난 재주 때문에 별 연습 없이도 연주를 잘할 수 있을 거라고 생각했을 것입니다. 그러나 그는 지문이 닳아 없어질 정도로 연습을 했습니다.

창의도 하루아침에 이루어지지 않습니다. 계속된 노력과 훈련을 통해서 한 사람의 창의인이 탄생할 수 있음을 보여주는 이야기입니다.

이 이야기는 체화의 중요성을 일러줍니다. 체화가 안 된 모든 지식은 머리에 머무른 객관적 지식인 '알기' 수준의 지식입니다. 그러나 체화된 지식은 손으로 얻어진 지식이며, 내면화 단계인 '이해' 수준에 이른 주관적 지식입니다. 몸에 밴 주관적 지식은 다른 사람에게 설명하고 다른 사람을 가르칠 수 있고 다른 사람에게 보일 수 있는 참지식입니다.

기억된 'What' 지식이 아닌 방법적인 'How' 지식을 지닌 창의적인 사람이 되기 위해서는 한 가지 지식이라도 체화되도록 많은 훈련과 연습을 해야 합니다. 체험에 의하여 체화된 지식은 새롭게 응용하고 적용하는 'Where' 지식으로 거듭나 보다 많은 지식을 창출합니다.

바이올린 연주자 정경화는 그가 지닌 재능도 중요했지만 재능을 꽃피우기 위해서 알게 된 지식 'What'에서 방법적인 지식 'How'를 거쳐 응용지식 'Where'를 창출한 '체화한 연주'가 그의 가치를 높이고 있습니다.

이젠 가정과 학교에서의 교육방법도 보다 체험학습으로 체화된 능력을 지니도록 교육방법의 비중을 높여 합니다. 억지로 집어 넣어주고 채워주는 교수자 중심의 수동적인 교육에서, 이끌어낼 수 있고 찾을 수 있도록 학습자 중심의 능동적인 교육을 펼쳐야 합니다. 그러기 위해서는 학생 참여형 체험학습으로 수업을 개선하여 적성과 소질에 맞는 진로를 탐색하고 개척할 수 있도록 하고 이를 통하여 미래를 살아갈 수 있는 역량을 집적해 주어야 합니다.

독서는
꿈을 찾는 공부이다

        필자가 초등학교 3학년을 담임할 때의 일입니다. 머리가 명석하고 장난을 서슴지 않은 키 작은 학생이 있었습니다. 이 학생은 숙제는 물론 여타 과제를 소홀하였지만 독서 활동 과제는 누구보다도 열심히, 성실히 해오곤 했습니다. 수업시간에도 선생님을 쳐다보지 않고 무릎 위에 책을 놓고 선생님 눈을 피해 책을 가까이 한 버릇도 있었습니다. 이 녀석 만큼은 수업시간에 선생님의 눈을 피해 책을 읽어도 가끔은 용인해 주기로 했습니다. 그래도 이 학생은 책을 가까이하면서도 선생님의 설명을 한 쪽 귀로 들어서인지 성적도 상위권이었습니다. 다양한 책 중 과학과 역사 분야의 책을 탐독하곤 했습니다. 지금으로부터 15여 년이 지난 여름날, 이 학생의 어머니께서 전화가 왔습니다. 이 학생이 서울대학교 전자공학과에 우수한 성적으로 합격하여 열심히 공부를 한다고 귀띔을 해주시면서 당시 선생님께 책을 읽는 그 모습을 장양해 준 힘이 아들의 진로를 결정하게 되었다고 자랑스러워 하셨습니다.

    위의 이야기는 한 사례에 불과하지만 독서를 통하여 책 속에서 꿈을 찾고 인생의 나침반을 얻을 수 있다는 이야기입니다. 선인(先人)들의 독서법을 음미하다 보면 독서가 사람을 만들고 학문을 쫓게 하며 탐구력을 일으키는 동기가 됩니다.

다음은 서울대학교 박희병 교수의 책『선인들의 공부법』등 몇 편의 책을 읽고 메모해 놓은 선인들의 남다른 독서법 몇 가지를 소개합니다.

조선 명종, 선조 대의 성리학자 이이(李珥)는 논리 전개가 대단히 명석하고 종합적인 통찰력을 지닌 분이십니다. 공부에 관한 자신의 평소 생각을 『격몽요결(擊蒙要訣)』이라는 책에 집대성하였습니다. 격몽이란 어린이를 깨우친다는 뜻입니다. 이이는 모름지기 책을 읽고 사물의 이치를 궁구하여 마땅히 나아가야 할 길을 밝혔습니다.

"사람이 도(道)에 들어가기 위해서는 무엇보다도 먼저 사물의 이치를 속속들이 깊이 연구해야 하며, 사물의 이치를 속속들이 깊이 연구하기 위해서는 무엇보다도 책을 먼저 읽어야 한다. 성현이 마음을 쓴 자취와 본을 받아야 할 선(善)과 경계해야 할 악(惡)이 모두 책 속에 들어있기 때문이다." 라고 독서를 주장하셨습니다.

조선 정조 때의 문인이고 사상가로서 청나라의 선진 문명을 배워 낙후한 조선을 개혁하고자 한 연암 박지원은 글쓰기의 핵심적 원리로서 '법고창신(法古創新)'이라는 명제를 제기하셨습니다. 즉, '옛것을 배워 새것을 창조한다.' 명제입니다. 그의 생각을 담은 연암집에는 독서가 중요함을 일러주고 있습니다.

"하늘과 땅이 아무리 오래되었다고 하지만 끊임없이 새로우며, 해와 달이 아무리 오래되었다 하여도 그 빛은 날로 새롭고, 세상의 책이 비록 많다고 하나 그 내용이 저마다 다르다." 그러니 책을 읽어야 한다고 주장하셨습니다.

그리고 "이치를 깨달은 선비에게는 괴이하게 여기는 게 없지만, 속인에게는 의심스러운 것이 많다. 이른바 본 것이 적으면 괴이하게 여겨지는 것이 많다."고 하셨습니다. 독서를 하는 사람은 그렇지 않은 사람과 견주어 다양한 식견을 섭렵할 수 있으며, 알고 있는 만큼 세상을 바라볼 수 있는 시야가 넓고 인간 사회의 시비를 가릴 수 있는 능력이 생긴다는 논지입니다. 이는 '아는 만큼 보이고, 아는 만큼 이해의 폭이 넓다.'는 말과 같습니다.

"본 것이 적은 사람은, 자기가 백로만 보았을 경우 자기가 처음 보는 까마귀를 비웃으며, 자기가 오리만 보았을 경우 자기가 처음 보는 학의 자태를 위태롭게 여긴다. 사물 스스로는 아무런 괴이함이 없건만 자기 혼자 화를 내며, 하나라도 자기가 본 것과 다른 사물이 있으면 만물을 다 부정한다." 독서를 많이 한 사람과 그렇지 않은 사람과는 차별화되며, 이 역시 독서를 통하여 보다 더 넓은 세상을 바라볼 수 있고 간접 경험을 통하여 세상의 이치를 파악할 수 있는 힘이 생긴다는 가르침입니다.

조선 정조·순조 때의 실학자이며, 성호(星湖)의 학풍을 계승하고 북학파의 사상을 수용하여 조선 후기의 실학을 집대성한 다산 정약용은 근 오백 권에 달하는 엄청난 저술을 남겼음에도 허투루 쓴 글이 없습니다. 그는 모르는 게 있으면 "밥 먹는 것을 잊기도 하고 잠자는 것을 잊기도 할" 만큼 지독하게 공부했고 엄청난 독서를 했고, 골똘히 사색에 잠기곤 했습니다. 큰 학문은 거저 이루어지는 게 아닙니다.

그가 쓴 독후감의 한 대목을 접해 봅시다. 그가 남긴 저술의 원천은 수많은 책을 읽고 섭렵했기에 가능했습니다. 그는 독서하는 방법도 남달랐습니다.

"책을 읽는 데는 대체로 방법이 있는 데, 세상에 도움이 되지 않는 책은 구름 가듯 물 흐르듯 읽어도 되지만, 만일 백성이나 나라에 도움이 되는 책이라면 반드시 문단마다 이해하고 구절마다 탐구해가면서 읽어야 하며, 한낮 졸음이나 쫓는다는 태도로 읽어서는 안 된다." 다산이 말씀하시기를 독서는 인간으로 하여금 짐승과 벌레의 부류를 벗어나 저 광대한 우주를 지탱하게 만드니, 독서야말로 우리들의 본분이라 했습니다.

흥미로운 사실은 다산이 퇴계문집을 읽고 다음과 같이 감탄했습니다.

"나는 요즘 퇴계 선생의 문집을 얻어 마음을 가라앉혀 공부하고 있는데, 그 정밀하고 가이없는 학문은 참으로 후생(後生)이 감이 엿보거나 헤아릴 수 있는 바가 아니다. 이상스런 것은 이 책을 읽으니 정신과 기운이 느긋해지고 생각이 가라앉아 혈육(피와 살)과 근맥(근육과 혈액)이 모두 안정되고 편안해져 예전의 조급하고 들뜬 기운이 점점 사라진다는 사실이다. 그러니 이 책은 나의 병을 치료하는 약이 아니겠는가."

물론 다산도 학자이나 성리학의 대가인 퇴계의 사상까지도 접하는 독서가였습니다. 다산은 지위고하를 떠나 다양한 분들이 남긴 저서를 탐독하고 사상을 탐구하신 분이십니다.

한편 그는 다독은 물론 정독을 마다치 않은 독서가이지만 그가 독서에서 지혜를 터득하는 방법과 독서에 대한 겸손한 자세도 엿볼 수 있습니다.

"나는 몇 년 전부터 독서에 대해 좀 알게 되었다. 책을 그냥 읽기만 한다면 하루에 천백 번을 읽더라도 읽지 않은 것과 매한가지다. 무릇 책을 읽을 때에는 한 글자라도 그 뜻을 분명히 알지 못하는 것이 있으면 모름지기 널리 고찰하고 자세하게 연구하여 그 글자의 어원을 알아야 하며, 그런 다음 그 글자가 사용된 문장을 이 책 저 책에서 뽑는 작업을 날마다 해나가야 한다. 이와 같이 한다면 한 종류의 책을 읽을 때에 아울러 백 가지의 책을 두루 보게 되며, 읽고 있는 책의 의미를 환하게 꿰뚫을 수 있다."

다산 정약용은 독창적이고 창의적인 저술을 남겼습니다. 그가 남

긴 어느 책이든 깊이 궁리하고 정밀한 연구 결과로서 논리의 조리
가 정연하고 명명백백하였습니다.

우리는 역사 속의 몇몇 선인들의 독서법을 통해서도 선인들의 학
문연구 방법과 독서를 통하여 그들의 사상을 완성하기에 이르는
고귀한 교훈을 살폈습니다.

노예를 해방시킨 미국 16대 대통령 에이브러햄 링컨(Abraham Lin-
coln)은 가난한 농부의 아들로 태어났습니다. 그의 어머니 낸시 행
크스는 자식들을 사랑으로 돌보며 어렸을 때부터 독서하는 방법
을 가르쳐 주었습니다. 그러나 링컨이 아홉 살 때 어머니께서는 세
상을 떠나셨습니다. 이후 새어머니 사라 부시 존스턴은 링컨의 재
능을 알아보고 성경, 이솝이야기, 천로역정, 신드바드의 모험 등 많
은 책을 구해주며 읽게 하는 분위기를 만들어 주셨습니다. 스물두
살 때 집을 떠난 링컨은 뱃사공, 가게 점원, 장사꾼, 우체국장, 측량
기사 등으로 일하면서도 열심히 독서를 했습니다. 링컨은 젊은이
들에게 "책을 구해서 읽고 공부하게나, 책을 이해할 줄 아는 능력
은 어디서나 똑같네. 성공하겠다는 결심이 그 무엇보다도 중요하
다는 것을 늘 마음에 새겨두게."라고 조언하곤 했습니다. 그는 정
규 교육을 받지 못하고 읽고 쓰고 외우는 일을 밥 먹듯 했고 책을
구하기 위해 몇 마일 떨어진 먼 곳까지 다녔던 경험을 되새겨 후학
들에게 항상 귀한 말을 던지는 멘토가 되었습니다. 그는 독서를 통

하여 감화를 받아 수많은 명연설문을 작성했고 마침내 대통령이 되어 노예해방의 꿈을 이루었습니다.

이용석은 그의 저서 『신나는 학습법』에서 독서는 꿈을 찾는 공부라고 이렇게 소개하고 있습니다.

두 사람이 큰 나무를 베는 일을 하고 있었다. 한 사람은 8시간 만에 나무 한 그루를 베었다. 다른 사람은 같은 시간에 비슷한 크기의 나무를 두 그루나 베었다. 나무를 한 그루 베는 사람은 조금의 쉬는 시간 외에는 열심히 일만 했다. 그런데도 두 그루를 베는 사람을 도저히 따라갈 수 없었다. 그래서 두 그루 벤 사람에게 비법을 물었다. 비법은 이렇습니다. "나는 여덟 시간 일하는 동안 두 시간은 톱날을 가는 데 씁니다." 라고 답했습니다.

그렇습니다. 나무를 잘 베기 위해서는 톱날을 가는 게 기본입니다. 창의성을 발휘하는 데 있어서 톱날을 가는 일에 해당되는 것은 무엇일까요? 바로 독서와 경험입니다. 나무를 잘 베기 위해서는 경험이 풍부해야 합니다. 경험을 직접 해보는 게 가장 좋겠지만 직접 할 수 없을 때는 간접적인 경험도 좋습니다. 간접적으로 경험을 쌓는 좋은 활동은 독서이고 직접적으로 경험을 얻는 데 좋은 방법은 체험활동입니다. 독서는 아무리 강조해도 지나침이 없는 교육방법입니다. 독서는 창의성을 기르기 위해서 가장 필요하며 생활과 연계된 독서이면 더욱 값이 있습니다. 독서는 간접 경험과 직접 경험을 연계시켜 줍니다. 도산서원에 간다면 사전에 이황에 대한 책을 읽고 그 시대의 생활 모습에 대해 충분히 이해를 한 다음 현장에 가서 스스로 퇴계 선생님의 입장이 되어 선비의 기분을 느껴보는 것입니다. 아마도 퇴계 선생님이 모델이 되어 공부를 열심히 하는 계기가 되고 훌륭한 학자가 되겠다는 꿈을 꿀 수도 있습니다.

이처럼 독서하는 방법이 적힌 책과 독서를 통하여 꿈을 이룬 인물들의 삶을 더듬어 볼 수 있어 그들의 직업적 특성과 성공 비결을 간접 경험으로 익힐 수 있습니다. 이와 같은 간접경험은 개개인의 진로를 탐색하고 미래를 개척할 수 있는 훌륭한 모티브를 제공해 줍니다. 그래서 독서는 꿈을 찾는 공부이며 멘토(Mentor) 역할을 톡톡히 해줍니다.

우리 애들도 세상을 바꿀
또 다른 사과(Apple)를 만들 수 있다

우리 애들이 세상을 바꿀 또 다른 사과(Apple)를 만들게 하려면 어떻게 해야 할까요? 물음에 대한 답은 다름이 아닌 개성교육입니다.

온 인류가 가장 좋아하는 과일을 묻는다면 사과(Apple)라고 하는 데 주저하는 사람이 적지 않을 것입니다. 그래서인지 몰라도 사과는 인류의 문명과 역사를 바꾸어 놓았습니다.

아담과 이브의 사과는 인류를 바꾼 사과이고, 역사에 나오는 빌헬름 텔 사과는 결단과 용기의 사과이며, 뉴턴의 사과는 과학을 바꾼 사과이고, 비틀스의 사과(애플 레코드)는 음악 세상을 바꾼 사과이며, 스티브 잡스의 사과(애플)는 문명을 바꾼 사과라고 일컫습니다.

첫째 사과입니다. 태초에 에덴의 동산에서 금기시했던 사과를 따 먹은 아담과 이브는 악과 욕망의 꿀맛을 맛보게 되는 인류 최초의 인간에 대한 이야기입니다. 재미있는 사실은 사과를 따 먹는 죄로 아담은 죽을 때까지 땀을 흘려야 하고, 이브는 애를 낳아야 한다는 이야기입니다.

둘째 사과입니다. 독일의 문호 프리드리히 실러에 나오는 희곡의 주인공인 빌헬름 텔은 스위스 독립영웅입니다. 스위스가 한때 유럽의 강자인 오스트리아 합스부르크 왕가의 지배를 받을 당시를 배경으로 총독에 대한 명령 불복종으로 자기 아들의 머리 위에 사과를 올려놓고 화살로 사과를 쏴서 맞추라는 잔인한 형벌을 받게 되었습니다. 목숨을 담보로 했기에 텔은 두 발의 화살을 준비했는데 그중 한 발의 화살은 실패할 경우 총독을 쏘기 위한 화살이었습니다. 텔의 화살은 사과를 정확히 뚫었고 나머지 한 발로는 총독을 향해 활을 당겼습니다. 텔의 결단과 용기는 자식을 지켜내고 스위스 독립운동의 시작이 되었습니다.

셋째 사과입니다. 영국의 물리학자 뉴턴은 사과나무에서 사과가 떨어지는 것을 보고, 특유의 천재적 영감을 발휘해 역사상 최초로 만유인력을 발견했습니다. 그래서 뉴턴의 사과는 불멸의 진리를 상징하기도 합니다. 뉴턴은 늘 새로운 관심사를 찾았고, 한번 흥미를 가지면 여지없이 깊이 몰두하는 탐구정신을 지녔습니다. 만유인력 발견의 단초가 된 뉴턴의 사과는 20세기 천재 물리학자 아인슈타인의 상대성 이론 정립에 큰 영향을 끼쳤습니다.

넷째 사과입니다. 1960년대 영국 리버풀에서 결성된 4인조 록그룹 비틀스는 존 레넌과 폴 매카트니, 조지 해리슨, 링고 스타로 라인업을 구성한 사상 최초의 그룹사운드이자 싱어송라이터였습니다. 60년대의 시대적 상징이자 세계 대중음악의 최고 스타인 비틀스는 승승장구하던 68년 자신의 음반사인 애플사를 설립하여 자신들의 음악 활동과 후배 가수 양성 등 다양한 활동의 기반을 다졌습니다. 스타를 꿈꾸는 모든 이들에게 비틀스는 하늘 위에 존재하는 히말라야 산맥과도 같이 받아들여지고 있습니다.

마지막 사과입니다. 2000년대에 또 하나의 사과가 우리의 삶을 송두리째 변화시켰습니다. 스티브 잡스는 사과를 가져와 '애플'을 탄생시켰습니다. 이 애플사는 미국의 대표 IT 기업이며 세계의 경제를 휘어잡는 세계 최고의 갑부 기업입니다. '매킨토시 컴퓨터'와 '아이폰'을 창조한 고 스티브 잡스가 만든 벤처기업 말입니다. 창의와 혁신을 중요시했던 잡스는 1990년대 애플 경영난에 대한 도의적 책임을 지고 최고 경영자의 위치에서 쫓겨나기도 하였습니다. 절치부심한 잡스는 이후 스마트폰의 대명사인 아이폰으로 세계 휴대전화 시장을 석권했습니다.

비틀스 애플과 스티브 잡스 애플사는 앞서 세상을 바꾼 애플과 함께 오늘을 있게 한 가장 최근의 2개의 사과입니다.

그럼, 스티브 잡스는 왜 사과와 IT를 접목했을까요? 문명과 역사를 사과가 바꾸었듯이 스티브 잡스는 생물인 사과를 무생물과 결합하여 숨을 쉬지는 못할지라도 인간의 능력을 초월한 '매킨토시 컴퓨터'와 '아이폰'을 만들어 냈습니다.

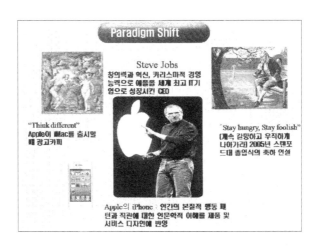

이 엄청난 창조물은 애플사의 슬로건이면서 스티브 잡스를 상징하는 '다르게 생각하라!(Think Different!)'에서 출발했습니다. 즉, 고정관념을 깨트린 '사고의 전환(Paradigm Shift)' 그 자체였습니다.

이제 학교교육도 '교육방법에 대한 사고의 전환', 그리고 '생각 자체에 대한 생각의 전환'을 해야 합니다. 그래야만 또 다른 새로운 생각이 보일 것입니다. 이러한 사고의 전환은 이상이 아니고 현실입니다. 바로 뉴턴, 비틀스, 스티브 잡스가 말해주고 있습니다. 이들은 각자의 개성을 일구어 꿈을 이루었고 그 꿈은 세상을 바꾸었습니다.

인간은 누구든지 각 개인만이 갖는 특성이 있습니다. 각 개인이 지닌 특성을 존중하고 그 특성, 즉 자질을 계발 시켜주는 개성교육이 강구되어야 합니다.

그 옛날 공자도 제자들의 개성을 존중하여 그 개성에 알맞은 방법으로 가르쳤다는 이야기는 널리 알려진 사실입니다. 개성 존중 교육과 개성교육은 이론만 가지고는 아무나 능히 할 수 있는 일은 아닙니다. 공자는 학생들의 소질과 학습태도, 가정환경 등을 고려하여 적절한 교육의 효과를 노리면서 개성에 적응하는 학습과제를 제공하는 방법을 택하였습니다. 또한 공자는 지식의 전달에 만족하지 않고 교육자가 피교육자에게 미치는 인격의 영향까지 고려하여 가르쳤습니다. 공자는 크고 작은 형형색색의 그릇 속에 지혜와 덕행의 바닷물이 흘러들어 가서 자기의 그릇의 크기와 모양대로 교육을 채울 수 있어야 개성교육이라고 했습니다.

개개인이 지닌 특성을 부모와 선생님의 의도대로 바꾸지 말아야합니다. 바꾸려고 하여도 바뀌지 않습니다. 억지로 바꾸어 하는 개성교육은 애플이 아닙니다. 개개인이 지닌 그릇 크기와 본디의 모양에 개성을 담아 키워야 합니다.

스티브 잡스의 '다르게 생각하라!(Think Different!)'는 모든 개인에게 똑같은 획일이 아닌 개개인의 개성을 손상하지 않게 끄집어내고 끄집어낸 개성을 획일이 아닌 개성대로 키우는 개성교육을 일컫는 말이기도 합니다.

작은 성공이
더 큰 성공을 가져온다

작은 성공이 더 큰 성공의 기회를 얻는 현상을 '마태효과(Matthew effect)'라 부릅니다. 마태효과는 원래 "가진 자는 더 받아 넉넉해지고, 없는 자는 가진 것마저 빼앗길 것이다."라는 성경 마태복음의 구절에 기초해 미국의 사회학자 로버트 머튼(Robert Merton)이 1968년에 처음 사용하고 그가 명명한 법칙입니다. 개인이나 집단이 금전이나 명예, 지위에서 성공하고 앞서게 되면 더욱더 크게 성공하고 발전할 기회를 얻는다는 원리입니다. 실제로 저명한 과학자의 업적이 더 큰 인정을 받고, 같은 제품이라도 브랜드 이미지가 좋은 대기업의 제품이 중소기업 제품보다 더 잘 팔린다는 논리도 가능합니다. 마태효과는 일반적으로 부정적인 개념으로 사용되곤 하나, 이와 다르게 경제학에서는 '누적적이점'이라고 합니다. 누적적이점은 장점이 누적되면 더 큰 성과를 성취한다는 것입니다.

그러나 이 용어를 긍정적으로 재해석하여 '누적적이점'에 주목하고자 합니다. 옛말에 '인인장단(人人長短)이요, 처처한서(處處寒暑)'라고 했습니다. 사람마다 장점과 단점이 있고 곳곳마다 음지와 양지가 있는 것처럼 개개인의 단점보다는 작은 장점일지라도 이를 찾아 칭찬해 주고 작은 장점에 기반하여 더 좋은 장점을 쌓아가도록 격려한다면 더 큰 성공의 기회를 맞이하게 될 것입니다.

이런 경우가 있습니다. 저자가 2004년도 광주광역시교육청 초등장학사로 재직 시 북구에 소재한 동부교육지원청 관내 양산초등학교에 수업장학을 임하게 되었습니다. 기억으로는 5학년 5반 대상 미술과 수업을 참관하였습니다. 학습목표가 "내 짝꿍의 모습을 특징이 잘 나타나게 찰흙으로 빚어봅시다."이었습니다. 당시 이 학급의 맨 뒤쪽 소집단의 한 남학생이 마주 바라보는 여학생의 얼굴 모습이 아주 예쁜데도 불구하고 밉게 빚었고 한쪽 얼굴에는 혹부리를 덧붙여 놓았습니다. 아주 우스꽝스러운 얼굴 모습이었습니다. 수업 종료시간이 다가오자 이 남학생의 작품을 감상하는 차례가 되었습니다. 담임 선생님께서는 왜 친구의 얼굴을 밉게 빚었으며, 왜 혹부리를 붙였느냐고 묻자, 수줍어하면서 말하기를, 이 여자 친구가 나를 좋아하지 않고 다른 남학생을 좋아하기 때문에 얼굴 모습을 아무렇게나 빚었고 심술이 담긴 혹부리를 붙였다고 했습니다. 그런데 담임 선생님께서는 짝꿍의 모습을 밉게 빚었다고 꾸중하는 듯하면서도 칭찬하였습니다(사실은 소집단 내의 해당 여학생의 마음을 상하지 않도록 하기 위해서 우회적으로 부언한 내용이었습니다). 그러나 이 남학생은 자기의 생각을 꾸밈없이 사실적이고 질감 넘치게 빚은 아주 창의적인 작품이었습니다. 학생 수준으로는 흙을 다루는 우수한 솜씨와 좋은 발상이 아니면 빚기 어려운 뛰어난 작품이었습니다. 수업을 마치고 별도로 불러 장학 담당자인 나는 이 남학생에게 학생의 훌륭한 발상과 재능을 칭찬하면서 훌륭한 미술가가 될 수 있다고 자긍심을 일깨워 주었습니다. 확인할 길은 없지만 혹시나 이 학생이 미술가로 꿈을 일구었다면 남다른 성공한 작가로 활동하고 있으리라 생각해 보았습니다.

우리 부모님들과 선생님께서는 일상적으로 어린이들의 작은 장점이나 작은 성공에는 별로 관심을 두지 않는 경우가 있습니다. 눈에 확실히 보일 때라야 장점을 인정하는 데 익숙해져 있습니다. 애들을 키우다 보면 주변의 사물에 대하여 자꾸 묻거나 궁금한 것을 자주 되묻습니다. 우리는 이 경우에 귀찮다고 싫은 반응을 보이거나 "그것도 몰라?" 하고 질책을 주저하지 않습니다. 애들은 몰라서 그리고 궁금해서 묻습니다. 호기심이 발동해서 묻습니다. 그럼에도 불구하고 물음에 거절이라도 하게 되면, 더 이상 묻지 않습니다. 아주 작은 것이지만 성공의 발판을 닫아버린 셈입니다. 하찮은 질문에도 관심을 갖고서 알고 있으면 아는 만큼 응답해 주고, 잘 알지 못하면 함께 궁리하는 기회를 마련해 줄 때 성공의 기회를 맛보게 될 것입니다. 이와 같은 일들은 어른들의 입장에서는 하찮은 것일지라도 애들은 이를 계기로 잘할 수 있다는 자긍심을 갖게 되고 존재감을 인정받는 계기가 되어 더 큰 성공의 길을 스스로 만들어 가게 됩니다.

  간과하지 말아야 할 것은 "미래의 주인공은 누구나 대상이 되지만, 진정한 주인공은 성공한 나 자신만이 가능하다."라는 것을 심어주는 일이 중요합니다. 다름이 아닌 개개인의 성공은 남이 대신해 주지 않습니다. 자기의 성공은 자기가 계발하는 것이기에 자기가 하지 않으면 안 된다는 자기계발(自己啓發) 노력을 평상시 부모와 선생님께서는 격려해 주고 칭찬해 줍니다. 성공은 자기와의 약속이며, 노력에 따라 성공의 질이 차별화된다는 사실을 일깨워 주는 뒷받침도 더 큰 성공을 가져오게 하는 지원입니다. 그렇습니다. 아이들이 장차 맞이하는 성공은 우연이 아니기에 작은 성공부터 스스로 만들어 가도록 역량을 마련해 주고, 그런 역량을 마련해 주는 일이 가정 교육과 학교교육의 책무입니다.

2장

창의성은
고정관념의
탈출에서
시작한다

뚜껑이 닫힌 병에 물을 넣으면 옆으로 다 흘러 버리고
병은 채워지지 않습니다.
뚜껑이 열린 병에 물을 넣으면 병을 채울 수 있습니다.
의문으로부터 성장하는 어린이들에게 마음을 열어주면
다양하면서도 좋은 답이 보입니다.

고등사고력은 창조와 융합적인 '마음경영 방법'에 있다

한국교육이 추구하는 인간상 중 '창의성을 발휘하는 사람'을 중요한 위치에 두고 있습니다. 이처럼 한국교육은 창의적인 인간형을 꿈꾸지만 획일화된 교육과정과 입시 위주의 교육이 우선인 우리나라 실정에서는 다른 꿈이 자라날 여지는 많지 않습니다. 한편 교육 전문가들은 국어를 배우면서 수학을 배우고, 영어를 배우면서 미술을 배우는 융합교육은 이제 전 세계적인 흐름이 되고 있는 만큼 융합교육이 하루속히 교육현장에 적용되어야 한다고 주장하고 있습니다. 지식이 많은 사람보다 새로운 가치를 창출해 내는 창의적인 인재가 필요한 오늘날 융합교육은 더더욱 중요하기 때문입니다.

필자는 자주 "당신의 자녀는 학교교육을 마친 후 무엇을 기대하고 있는가? 그리고 당신의 자녀는 학교에서는 무엇을 배워야 하는가?" 하고 자문자답해 봅니다. 보편적이고도 추상적이지만 첫 번째의 응답은 '훌륭한 사람'이기를 기대하고, 두 번째의 응답은 훌륭한 사람으로 살아가는 데 필수적인 지식과 기능을 습득하고 도전적이고 윤리적인 자기 가치를 지니도록 교육되는 것을 열망할 것입니다. 아마도 이 두 물음에 응답은 글로벌 경쟁시대에서 살아남기 위한 최상의 방법일 것이라 믿습니다. 그렇다면, 학교교육에서 이와 견줄만한 교육의 화두는 무엇일까요?

이는 다름이 아닌 '창조(창의)와 인성교육'인데 이는 곧 2009 개정교육과정 2015 개정교육과정의 키워드입니다. 물론 창의와 인성도 서로 다름에서 출발하지만 서로 다름을 인정한다면 절름발이 교육이 될 것입니다. 그래서 인성이라는 레일 위에 창의라는 열차를 달리도록 융합교육을 강조하고 있습니다. 올바른 인성이 튼튼한 인프라 위에 창의가 다져진 인간이 전인적인 인간이라는 논지입니다. 그래서 창의성 교육은 주입식 교육의 폐해에서 살아남고 전인적인 인간교육을 창출하는 비전을 '창의적인 인재양성'에 두고 '배려와 나눔을 실천하는 창의 인재'를 키우자고 떠들어 대고 있습니다. 하지만 창의는 구호로만 일구어지는 것이 아닙니다. 창의성을 키우기 위한 제도적 교육 시스템이 마련되어야 하는 데, 이는 곧 스팀(STEAM: 융합)교육 그것입니다. 융합교육은 학생의 흥미와 이해를 증진시키고 과학기술, 인문지식, 예술적 심미안의 융합사고(STEAM Literacy)와 문제해결력을 키워 글로벌 인재로 양성하는 데 있습니다. 어려서부터 지적 호기심을 키워 기초 지식을 탄탄히 하고, 과학 외에 미술, 음악, 수학 등의 다른 분야와 융합해서 사고하도록 하여 다양성과 창의성을 동시에 길러야 하는 과제를 수행하는 일입니다. 최근에 대학에서는 학문연구를 전공과목의 경계를 넘어 실생활 속에 체험과 학문연구를 통한 융합적 학제적 접근을 강조하고 있습니다.

창조(creative)와 융합(convergence)은 '서로 다름'에서 출발합니다. '서로 다르지 않음'에서 출발한다면 '창조'와 '융합'이라는 말이 존재하지 않을 것입니다. 한편 서로 다름만 인정한다면 개별성은 존중되나 통합이 안 되어 미완성된 것들로 세상을 가득 채워질 것입니다.

여기에서 창조와 융합을 촉진할 수 있는 방법은 무엇일까요?

그 해답은 먼저 '창조와 융합'을 이룰 수 있는 '마음경영 방법'을 확고히 하는 일입니다.

창조란 전에 없던 새로운 것을 처음 만드는 일입니다. 융합은 서로 다른 것을 합쳐서 더 좋은 가치를 창출하는 일입니다. 물건을 제조할 때는 내가 1개를 만들고 동료가 1개를 만들어 합하면 2개가 됩니다. 생산량이 2배로 증가합니다. 하지만 창조와 융합에서는 산술적 덧셈이 아닙니다. 질적 차이가 중요합니다. 나와 동료가 서로 다른 아이디어를 1개씩 내서 합하면 2개가 됩니다. 하지만 동일한 아이디어밖에 생각하지 못한다면 합해봐야 그대로 1개에 그칩니다. 반면 산술적 합산은 2개에 불과하지만 창조적인 방법으로 융합하면 10개, 20개가 될 수 있습니다. 승산(乘算)방법입니다.

'창조와 융합'을 통한 질 높은 '마음경영 방법'의 정체성은 각자의 아이디어를 합하여 또 다른 새로운 아이디어를 승산방법으로 창출되는 고등사고력(High Order Thinking)이라고 밝힐 수 있습니다.

이런 일이 가능하려면 다음의 조건이 필요합니다.

첫째, 먼저 각자 다르고 남이 하지 못한 새로운 생각을 할 수 있어야 합니다. 만약 모두 같은 생각을 한다면 서로 다른 고유함이 없고 새로운 아이디어가 존재하지 않으니 합산해야 할 필요가 없습니다.

둘째, 사람과 사람을 잇고 아이디어와 아이디어를 합산하는 방식이 달라져야 합니다. 서로 가진 아이디어를 공개하고 내놔야 함께 논의할 수 있습니다. 내 아이디어를 내놓는데 주저함이 없어야 하고 서로 다른 아이디어를 합산하는 방식도 질적으로 차별된 결과물을 만들어 낼 수 있을 만큼 창조적이어야 합니다.

셋째, 동조행동(Conformity)을 극복하는 자세가 필요합니다. 다를수록 대접받는 조직문화가 필요합니다. 이를테면 피아노를 배우는 까닭은 '옆집 아이가 배우기 때문'입니다. '엄마가 시키니까' 혼나지 않으려고 배웁니다 등의 문화는 개별적인 자아발달을 가로막습니다. 건강한 개인주의와 독특한 정체성이 형성되지 못합니다. 결국은 '나' 아닌 '집단'이 행동을 결정하게 됩니다. 우리 어른들은 남들 보내는 학원에 보내지 않으면 불안하고 남들과 다른 선택을 하는 것에 병적으로 두려움을 느끼는 분리불안(Separation Anxiety)이 남아있기 때문입니다. 창조와 융합은 '서로 다름'입니다. 어느 부서의 조직원이 3명이라면 3명 모두 다른 생각과 다른 감성을 갖고 있어야 합니다. 그래야 합할 이유가 생깁니다. 조직원들이 자유롭게 상상하고 창의력을 발휘할 수 있는 정신적 유연성, 감정과 사고의 다양성을 지녀야 합니다. 이 점에서 한국의 가정과 조직의 문화가 자유롭게 상상하고 창의성을 가질 수 있는지 되새겨 봐야 합니다. 한국의 가정이나 조직문화에서는 최고의 리더나 어른의 생각에 동조해야 합니다. 그렇지 않으면 버릇이 없다고 하거나 또래로부터 따돌림 또는 또래압력(Peer Pressure)을 받게 됩니다. 또 남다른 의견을 내놓으면 잘난 체한다는 인식을 갖게 되기 때문에 최고의 리더나 어른의 생각, 또래의 생각에 응당 동조해야 합니다. 그래서 창조가 필요가 없고 융합이 필요하지 않아 창조가 없을 수밖에 없습니다. 창조를 하려면 남들과 다른 나만의 것이 있어야 가능합니다. 무엇을 하든 나만의 이유가 있어야 합니다.

넷째, 조직에서는 융합을 가로막는 조직 문화적 문제가 없어야 합니다. 틀림도 하나의 아이디어라고 용인해 주어야 합니다. 틀림을 야단으로 대꾸하면 자기 의견을 곧이곧대로 말하는 직원이 없어지고 모두 입을 다물고 상관의 말에 고개만 끄덕이게 될 것입니다. 실패에 대한 처벌을 두려워하는 조직문화에서는 새로운 시도를 기대하기 어렵습니다. 지나친 갑을(甲乙) 관계도 창조를 저해합니다. 평등한 집단일수록 소통이 잘되고 다양한 사고가 자랍니다.

창조와 융합의 성공을 가져오도록 이와 같은 마음경영 방법을 학교교육에서 실천한다면 덧셈이 아닌 승산 방법으로 창출되는 고등사고력이 키워질 것입니다.

물음에 답은 틀린 답이 없다.
다른 답이 있다

좋은 생각은 한 가지가 아니라 여러 가지일 때 더더욱 좋습니다. 우리나라에서는 좋은 대학을 가기 위해 수학능력고사를 연례행사로 치르게 됩니다. 만일 수학능력고사의 어느 문항의 정답이 두 개로 밝혀지면 난리법석 큰일이고 사회적 문제로 간주됩니다. 어쩌면 우리 교육은 하나의 정답 찾기 교육이 이루어지고 있습니다. 그러니 우리나라 국민의 학력은 세계 최고일지라도 실력과 능력은 앞서지는 못합니다. 학력이 세계 최고이니 어쩌면 노벨 수상자도 최고여야 한다는 등식이 성립할 수도 있습니다. 불행히도 우리 입장에서 보면 전혀 그렇지 않습니다.

생각을 열어 봅시다. 저자가 2013년 광주광역시 문산초등학교에서 학교장으로 재직 시 3월 14일, 5학년 1반의 국어 시간에 담임 선생님의 양해를 구하고 학급 학생들에게 다음과 같은 물음을 주고 1차는 객관식으로, 2차는 서술식으로 응답하도록 하였습니다.

<1차: 객관식>

토끼와 거북이 이야기에서 본받을 점을 찾아보세요. (27명 중 모두 ①을 응답함)
① 노력해야 한다.　② 달리기를 잘해야 한다.　③ 휴식이 중요하다.　④ 꾀가 중요하다.

<2차: 서술식>

토끼와 거북이 이야기에서 본받을 점을 적어 보세요. (11가지 유형의 응답이 나옴)

- 남을 얕보지 않는다.
- 모든 일에 최선을 다한다.
- 게을러서는 안 된다.
- 시작한 일은 끝까지 마무리 짓는다.
- 자만하거나 교만하지 않는다.

- 어려운 일이라도 포기하지 않는다.
- 잘하는 것보다는 노력하는 것이 의미 있다.
- 친구가 못한다고 놀려서는 안 된다.
- 노력하는 자는 잘하는 자를 이긴다.
- 좌절하지 않는다.

　이처럼 똑같은 물음으로 두 가지 유형의 응답을 요구했더니, 닫힌 물음은 한 가지의 응답이 나왔으나 열린 물음은 열한 가지 유형의 응답이 나왔습니다. 병의 뚜껑이 닫혀 있으면(객관식 물음) 물을 넣을 수 없습니다. 뚜껑이 닫힌 병에 물을 넣으면 옆으로 다 흘러 버리고 병은 채워지지 않습니다. 뚜껑이 열린 병에(서술식 물음) 물을 넣으면 병을 채울 수 있습니다. 의문으로부터 성장하는 어린이들에게 마음(생각)을 열어주면 다양하면서도 좋은 답이 보입니다.

　또 다른 물음에 대한 응답 형태입니다. 접시 위에 놓인 빵 두 개를 친구와 똑같이 나누어 먹으면 수학식으로는 1입니다. 그러나 다르게 생각해 봅시다. 접시 위에 놓인 빵 두 개를 친구와 똑같이 나누어 먹었다면 답은 0일 수 있습니다. 먹어 삼켰기 때문에 빵은 존재하지 않습니다. 또 다르게 생각해 봅시다. 친구와 나누어 먹어도 양이 많아 반씩 남기면 남은 빵은 한 개일 것입니다. 이와 같이 상황에 따라 해답은 다릅니다.

예컨대 접시 위에 놓인 빵 두 개를 친구와 똑같이 나누어 먹으면 1이 되는 경우는 수학 공부에서만 가능합니다. 우리는 이를 수학적 사고라 일컫는 알고리즘사고(Algorism Thinking)라고 합니다. 틀에 박힌 정형화된 사고를 말합니다. 매사가 하나일 경우는 곧 하나를 위해 모두가 존재하고, 삶의 경쟁이라면 하나만 살아남고 나머지 모두는 없어질 것입니다. 좋은 생각이 여러 가지일 때 출구가 트입니다. 모두의 답이 제각기 차이와 깊이와 부피는 다를지라도 보다 생산적이며 창의적인 답을 창출해 낼 수 있다면 다양한 해법이 존재합니다. 이는 사회과학적 사고라고 일컫는 메타사고(Meta Thinking) 또는 고등사고력(High Order Thinking)을 발휘할 수 있기에 가능합니다. 답이 여러 개라는 등식은 살아가는 방법이 다르다는 논리입니다. 살아가는 방법이 다르기 때문에 협동과 협업이 존재하고 공동사고를 통한 가장 최선의 해법을 구하게 됩니다. 정말로 답이 하나라면 교육이 필요 없습니다. 이미 누군가에 의하여 답이 정해져 있기에 그 답을 모두가 공유하는 교육만 존재할 것입니다. 그러니 무슨 교육이 필요하고 고등사고력을 키우는 노력이 무슨 필요가 있으며, 과학과 연구라는 말은 진짜 사전에서 찾아볼 수 없을 것입니다. 물음에 대한 답은 여럿이기에 다양한 상황에서 최적한 답을 찾기 위해 연구와 연구를 거듭하는 과학자가 존재하고 똑같은 사물에도 똑같은 사안에도 각자의 생각에 따라 해설이 다양하기 때문입니다. 여느 물음에 외치는 답이 오답이라고 여기는 사람의 답도 정답일 수도 있습니다. 오답도 정답 속의 한 가지일 뿐입니다. 오답을 인정해 주고 다름을 인정해 줄 때 정답을 찾기 위해 새로운 도전을 하게 됩니다. 오답은 정답을 찾는데 큰 화력으로 존재한다는 사실을 우리는 미처 파악하지 못했습니다. 교육에서 오답도 정답 못지않게 존중해 주는 교육문화를 인정할 때 창의성은 자랍니다.

지식경제시대는 지식을 이용하는 방법을 공부해야 한다

피터 드러커(Peter Ferdinand Drucker)는 그의 저서 『21세기 지식경영』에서 다음과 같이 주장했습니다. '사람들이 지식과 정보에서 소외되고 학습에서 배제되면 혁신은 이룰 수 없고, 혁신이 없으면 성장이 불가능해 일자리 부족 등 사회 경제적 문제가 발생한다. 미래는 지식 노동자가 사회를 이끌어가기 때문에 지식 노동자는 경영의 최우선이 되며, 이러한 자원의 생산성을 어떻게 높이느냐에 따라 기업의 성과가 좌우된다.'고 새로운 지식경영의 패러다임을 주장했습니다.

지식경영이란 말은 오래되었지만, 지식경영의 혜택을 보는 기업은 소수에 불과합니다. 아직도 많은 기업들이 사람을 자원이 아니라 비용으로 보고 인건비 줄이기에 여념이 없습니다. 그러나 그런 방법으로는 혁신을 이룰 수 없습니다. 5년 전 이야기이지만 문국현 전 유한킴벌리 사장은 사람에게 투자되는 10%의 비용을 13%로 늘리면 나머지 90%의 다른 비용을 80%로 더 크게 줄일 수 있다고 했습니다. 이는 사람에 대한 투자가 기업혁신 원동력이라는 것입니다. 문국현은 특히 대기업과 중소기업의 양극화, 고용 없는 성장의 문제점이 심한 지금이야말로 사람을 자원으로 여기는 피터 드러커의 경영이론이 필요하다고 지적했습니다. 그는 또 한국사회는 지식경영을 통한 혁신을 사회 전반으로 확산시켜야 정보화 사회에서 살아남는다고 강조했습니다.

'지식'은 21세기의 최대 자본이자 에너지입니다. 한국은 대학 진학률이 84%를 넘습니다. 다른 나라들의 대학 진학률을 보면 대체로 미국 60%, 일본 47%, 프랑스 41%, 독일 35%로 우리나라는 OECD 국가 중에 단연 1위입니다. 대학을 진학하여 수준 높은 지식을 탐구하는 사람은 많아도 지식경제시대에 적합한 인재를 찾기 힘들다고 합니다. 왜 그럴까요? 아마 그 대답은 지식은 많이 습득하되 습득한 지식을 이용할 줄 아는 지식을 소유한 사람이 많지 않다는 말일 것입니다. 우리가 학교에서 배우는 지식 또는 조직에서 공유되고 있는 지식이 사회에서 쓸모가 없는 이유가 바로 현실에 적합하지 않은 무용지식(Obsolete Knowledge=Obsoledge)이기 때문입니다.

앨빈 토플러는 "변화가 더욱 빨라지면서 지식이 무용지식으로 바뀌는 속도 역시 빨라지고 있다고 주장했습니다. 맥킨지의 연구 결과에 따르면 지식창출 속도가 너무나 빨라져서 데이터베이스로 문서화된 지식이 2010년부터 11시간마다 2배가 되고 있다고 하는데 한국의 지식 격차는 어떻게 해소할 수 있을까요? 선진국은 도대체 지식 경제시대를 어떻게 대처하고 있을까요? 궁금합니다. 무용지식과 반대되는 개념인 유용지식(Just in time Knowledge)을 도입할 수 있는 문화와 시스템을 구축하는데 바로 해답이 있다고 하겠습니다. 아직도 우리나라 교육은 교사주도의 주입식 강의 일변도로 전달을 중시해 오고, 학생들은 전달된 지식을 달달 외우며 묻는 말에 정답을 찾고 달달 쓰는 데 중점을 둔 무용지식을 얼마나 많이 알고 있는가에 초점을 두지 않는지 반성해 봅니다. 교육 선진국은 유용한 지식을 찾아 학생들에게 가르치고, 학생들은 배운 지식을 다시 적용하는 방법을 학습하는 데 익숙해 있다고 합니다. 앞으로의 학력은 배운 지식을 어디에 어떻게 적용할 줄 아는 방법적 학력을 진정한 실력으로 인정해야 마땅합니다.

앞으로는 창의적인 인적자원이 국가의 발전을 주도하고 인적자원이 많은 나라가 세계 경제를 주도하게 될 것은 명확합니다.

우리가 맞이할 미래 경제의 모습에 대하여 이야기해 봅시다. 미래 경제의 4가지 키워드는 스피드, 개인 맞춤형 생산, 초복잡성, 경제 붕괴라고 합니다. 스피드는 빠른 변화 속도로 기술·언론·외교·가정·개인 등 각 영역 간 발달 속도 차이가 발생하여 기업 경제가 1시간에 100마일씩 움직이고 있다면 정부는 1시간에 10마일밖에 움직이지 않아 속도 간 괴리가 발생한다는 것입니다. 개인 맞춤형 생산은 고객이 생산 과정에 직접 참여하는 사회로 대량 생산 방식을 지속하면 소비자의 저항이 발생하고 잉여 복잡성 또는 초복잡성이라고 일컫는 지식경제의 생산품들은 과도한 복잡성 창출(예: 빌 게이츠의 MS)로 고객들의 반란이 예상되며, 사회 각 분야의 경계 붕괴로 생산자와 소비자가 융합, 대학에서 초학제적 경향 등 사회 전반에서 경계가 모호해진다고 합니다. 그리고 관료제는 여전히 제조, 금융, 마케팅 등 칸막이식으로 운영되는 시스템에서 전문가 집단(TF team: task force team)과 정보기술(IT: Information Technology) 발달은 수직적·수평적 커뮤니케이션이 가능한 조직으로 변하게 된다는 것입니다.

이와 같은 미래의 경제 모습은 응당 한국 경제의 미래 성장 전략에 교육혁명이 요구됩니다. 무엇보다도 중요한 것은 리스크를 감내하고 새로운 것을 창조하는 혁신가를 양성하는 것입니다. 이와 함께 보다 많은 건실한 중소기업(SMEs)을 육성해야 한다고 생각합니다. 혁명경제(Revolutionary Economy)에서 부를 창조할 원동력은 교육입니다. 즉, 부는 교육을 통해 창출해야 한다는 것이며, 이를 위해서는 교육혁명이 필요합니다.

우리나라는 경제적인 돌파구는 하나의 기술이나 하나의 비즈니스 섹터(Sector, 분야)가 아닌 생명공학(BT)에서 두드러진 성과를 보이고 있는만큼 정보기술(IT)과 생명공학(BT)의 컨버전스(Convergence, 융합)에 집중해야 합니다. 또 과학산업을 통합할 시스템을 구축하고 기술 혁명을 위한 학교혁신을 통해 개개인에 특화된 교육을 실시해야 합니다. 특화된 교육에 의하여 양성된 인재는 특화한 창조물을 일굴 것이기 때문입니다.

이와 같은 과제에 비추어, 앞으로 학교교육 방법 면에서 혁신은 정보와 생명공학을 융합한 교육과 학생들의 개성을 존중하여 특화된 개성화 교육에 초점을 두어야 마땅합니다. 그리고 쓸모가 있는 지식을 많이 습득하는 데 그치지 않고 습득한 지식을 다양한 곳에 다양한 방법으로 이용할 줄 아는 방법적인 지식을 소유한 인재를 양성해야 합니다.

복사꽃과 오얏꽃은 말이 없어도 저절로 길이 생긴다

'도리불언(桃李不言) 하자성혜(下自成蹊)'라는 말이 있습니다. 이는 사마천의 사기에 이광 장군을 극찬하는 말입니다. 복숭아나무와 오얏나무는 아름다운 꽃을 피우고, 맛있는 열매를 맺습니다. 모든 사람은 두 나무의 꽃도 아름답고 열매도 맛이 있어 좋아합니다. 그래서 꽃이 오라고 하지 않아도 사람들이 저절로 모여듭니다. 그러므로 그 밑에는 자연히 길이 생기게 마련입니다. 이와 마찬가지로 덕이 있는 사람 밑에는 사람들이 자연히 모여든다는 뜻이기도 합니다.

한나라 시대에 이광이라는 장군이 있었습니다. 활의 명수로서 과감한 전법을 구사했으며, 주변국에서는 '한나라 비장군'이라며 두려워했다고 합니다. 그러나 평소에는 말이 없고 순박했습니다. 그는 부하도 무척 아꼈다고 합니다. 황제로부터 하사받은 상은 모두 부하들에게 나누어 주었고, 음식도 언제나 부하들과 똑같은 것을 먹었습니다. 행군을 하는 도중 샘을 발견하면 부하들이 모두 마신 후에야 비로소 물을 마셨고, 식량도 부하들에게 골고루 배급

되기 전에는 자기 몫을 받는 예가 없었다고 합니다.

그랬으므로 부하들은 모두 "이광 장군을 위해서라면……." 이런 마음으로 기꺼이 전쟁터로 나갔다 합니다. 표제의 구절은 당시의 이광 장군을 평한 말인데, 이 또한 이상적인 지도자상을 가리키는 말이기도 하며, 예욕을 버리고 열심히 하면 저절로 명예를 얻게 된다는 가르침입니다.

이와 유사한 '우공이산(愚公移山)'의 고사에서 교훈을 얻을 수 있습니다. 이 말은 우공이 산을 옮긴다는 뜻으로 남이 보기에는 어리석은 일로 보이지만 하나의 일을 끝까지 밀고 나가면 언젠가 목적 달성을 할 수 있다는 의미를 가지고 있습니다. 우공이산의 유래는 다음과 같습니다.

중국의 북산에 우공이란 90세의 노인은 태행산과 왕옥산 사이에 살고 있었는데 산의 사방이 700리나 되고 높이가 만 길이나 되어 북쪽이 가로막혀서 교통이 매우 불편했습니다. 그래서 우공은 어느 날 가족들을 모아 놓고 말했습니다. 험한 산을 평평하게 만들어 예주의 남쪽까지 곧장 길을 내는 동시에 한수의 남쪽까지 갈 수 있도록 하겠다고 했습니다. 너희들의 생각은 어떠냐고 물었습니다. 모두 찬성을 했지만 우공의 아내는 반대했습니다. 당신의 힘으로는 조그마한 언덕 하나도 파헤치기가 어려울 텐데 어떻게 이 큰 산을 깎아낸다는 말입니까? 그리고 파낸 흙은 어떻게 하시겠습니까? 우공은 흙은 발해에다 버리면 된다며 세 명의 아들은 물론 손자들까지 데리고서 흙을 파고 돌을 깨서 광주리와 삼태기 등으로 날랐습니다. 이 사실은 알아챈 지수라는 사람은 우공을 비웃었습니다. 우공은 나는 오래 살지 못하겠지만 내 아들이 있고 아들에게는 손자가 있고 자자손손 이어간다면 언젠가 저 산을 평평하게 만들 수 있다고 태연히 말했습니다. 결국 두 산을 지키고 있던 산신이 자신들의 거처가 없어지겠다고 천제에게 호소를 했더니 천제는 우공에게 감동해 역신 과아씨의 두 아들을 명해 두 산을 하나는 옹남에 또 다른 하나는 삭동에 옮겨 놓게 했다고 합니다. 이것이 바로 우공이산의 유래입니다. 성실하게 쉬지 않고 노력하면 마침내 큰일을 일구어낸다는 가르침입니다.

오늘날 우리 애들은 노력이 없이 쉽게 이루고 얻으려는 무임승차의 덕을 바라고 있습니다. 무임승차로 얻는 결과물은 그 가치를 몰라 쉽게 내팽개치게 됩니다. 결국은 캥거루족이나 금수저족으로 살아갈 수밖에 없습니다.

이제 우리 애들로 하여금 어려움을 모르고 풍요롭게만 자라도록 하여 참을성 없는 애들로 키우는 인스턴식 교육을 지양해야 합니다. 인스턴식 교육은 결국 인스턴식 사고를 조장하여 생각이 없고 미래가 없는 애들로 키워집니다. 이제라도 적당한 땀을 흘리며 궁리하여 이치를 깨닫고 실천적인 사고를 중시하는 교육문화가 자리 잡아야 합니다.

1473년에 태어난 과학자 니콜라우스 코페르니쿠스(Nicolaus Copernicus)의 노력처럼 보통 사람들에겐 상상도 할 수 없을 만큼 어려운 일을 일컫는 코페르니쿠스적 사고방식의 교육으로 지혜를 키우기 위하여 약간의 고통과 고뇌를 맛보게 하며 먹여주지 말고 먹게 하는 교육을 지향해야 합니다.

이와 같은 교육방법으로 천동설을 신봉했던 인류의 고정관념을 깨뜨린 코페르니쿠스는 이른바 '코페르니쿠스적 대전환'을 일구어 '지구가 태양의 주위를 돈다' 지동설을 주창했습니다. 인스턴식 사고로는 꿈도 꿀 수 없는 '코페르니쿠스 대전환'이 있기까지는 고정관념을 벗어나 현장에서 어느 누구도 가까이할 수 없는 연구와 노력으로 일군 '코페르니쿠스적 사고'는 결국 하늘이 놀라고 땅이 경기를 일으킬만한 세기적 사건입니다.

교육은 잠재된 재능을
이끌어내는 것이다

우리는 교육을 밖에서 안으로 '집어넣는 것'으로 생각합니다. '교육(Education)'이라는 말은 라틴어의 'Educo'에서 생겨난 것으로 '끌어낸다'라는 의미가 있습니다. 학생 한 사람 한 사람이 자기 안에 갖고 있는 재능을 밖으로 끄집어내는 것, 그 재능을 길러주는 것이 교육입니다. 즉, 인간의 내부에 원래 갖추어져 있는 능력이나 재능을 끌어내어 확장해 간다는 의미입니다. 그러므로 진정으로 교육을 받은 사람은 자기 마음속에 갖추어져 있는 여러 가지 능력을 자유자재로 능숙하게 조절함으로써, 주위 사람들과 협조하면서 자기의 목표를 달성해 나갑니다.

다음의 그림이 교육의 의미를 잘 설명해 주고 있습니다.

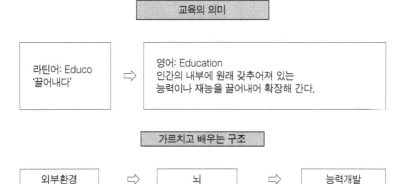

교육은 인간뿐만 아니라 동물에게도 존재합니다. 현명한 어미 곰은 아기 곰에게 물고기를 주지 않고 물고기 잡는 법을 가르친다고 합니다. 아기 곰이 물고기 잡는 법을 터득해야만 어떤 어려운 상황이 닥쳐도 꿋꿋하게 헤쳐나갈 수 있을 것이라고 생각하기 때문일 것입니다. 어미 곰이 아기 곰에게 물고기 잡는 법을 가르치기 전에 아기 곰이 지녀야 할 야생적이고 본능적인 욕구를 먼저 자극해서 일깨운다고 합니다.

교육도 이와 같습니다. 결과물을 주는 것이 아니라 결과물을 만드는 방법을 가르쳐주는 것이 교육입니다. 나귀를 물가에 데리고 간다고 나귀에게 물을 먹일 수는 없습니다. 나귀가 물을 먹고 싶을 때 물가로 데리고 가면 스스로 먹습니다. 이렇듯 자신 속에 숨

겨진 재능을 일깨우고, 스스로 결과물을 만들게끔 동기붙임해 주는 것이 교육입니다.

물리학자 게리 주커브는 『춤추는 물리』에서 말합니다. 보통의 사고를 지닌 교사는 학생들에게 교과서나 참고서에 나와 있는 것을 바탕으로 '중력이 무엇인지'에 대해 가르치지만 훌륭한 교사는 학생들이 꽃잎이나 사과가 땅으로 떨어지는 것을 보고 놀라워할 수 있도록 인도한다고 합니다.

주커브가 말하고자 하는 내용은 이렇습니다. 훌륭한 교사는 언제나 문제의 중심에서, 문제의 핵심에서 출발한다는 것입니다. 그리하여 훌륭한 교사는 학생들이 호기심을 느끼게끔 인도하면서 함께 길을 걸을 뿐이라는 것입니다. 그래야만 가르치지 않아도 학생들은 배우게 되고 깨닫게 됩니다.

이처럼 지식에 대한 관점이 확실히 달라져야 합니다. 지식에 관하여 결과적인 지식보다는 과정으로서의 지식이 본질입니다. 때문에 학습자(학생)가 지식을 구성해 나가는 과정을 스스로 인식할 수 있도록 경험을 제공해 주는 일이 무엇보다도 중요합니다. 교사는 학습자가 주도가 되어 학습을 실천할 수 있도록 학습의 격려자, 안내자, 학습 촉진자 등 도우미로서의 소임에 충실할 뿐입니다.

부언하건대 인간의 내부에 본디 갖추어져 있는 능력이나 재능을 끌어내어 확장해 가도록 가르치는 자의 덕목이 달라져야 합니다. 주어진 재능을 스스로 끄집어낼 수 있도록 정답을 가르쳐 주지 말고 정답을 산출해 내는 방법을 안내해 주어야 합니다. 정답을 가르쳐 주면 하나만 알고 산출해 내는 방법을 터득하면 스스로 더 많은 과제를 해결할 수 있습니다. 살 수 있도록 채워주지 말고 살아갈 수 있는 방법을 가르쳐야 합니다. 살 수 있도록 가득 채워주면 그때만 배가 부르나, 살아갈 수 있도록 가르쳐 준다면 스스로 더 많은 것을 얻을 수 있습니다. 지식을 스스로 구성해 가는 학습자는 재능을 스스로 이끌어냅니다.

개인 내 차이도 존중해 주어
좋아하는 것을 잘하도록 안내한다

교육학 사전에서 개인차는 개인간변이(개인차)와 개인내변이(개인내차이) 두 가지가 있다고 설명하면서 '개인간변이(Individual Difference)'란 심신(心身)의 어떤 특성, 즉 신장(身長)이라든가 지능은 개개인 모두 다르다고 밝히고 있습니다. 또 개인차를 말할 때는 보통 개인간변이를 말한다고 소개되어 있습니다. '개인내변이(Intra-Individual Difference)'란 같은 개인에 있어서 그 심신의 여러 가지 특성을 볼 때 집단 평균으로부터의 변이가 방향과 분량을 달리하고 있다고 적혀 있습니다. 즉, 지능은 상당히 높으나 신장은 보통보다 상당히 작을 경우를 말합니다. 이를테면 상대평가와 같이 개인의 성적을 타학생의 성적과 비교하거나 집단 속에 놓고 해석하는 것이 아니라 개인의 내부 특성 간의 차이에 착안하여 그 개인을 해석하는 입장입니다. A 학생은 A, B 학생은 B로서 타인과 관계없이 그 본인 개인의 변이만으로 절대적이고 개성적으로 평가하여 개인 내 차이를 발견하는 것입니다.

그런데 개인차란 진정한 의미에서 개인간변이와 개인내변이를 합

하여 말하기도 합니다. 일란성 쌍둥이마저도 얼굴 생김새가 조금
은 다릅니다. 하물며 모든 인간은 개별적으로 각기 다른 성향을
가지고 있습니다. 모든 인간은 남과 비교하여 부족한 점이 있는가
하면 장점을 더 많이 가지고 있고, 지적 이해력은 낮으나 예체능
기능이 탁월하여 그 능력이 우수한 경우도 있습니다. 그런데 2016
년 현재를 기준으로 할 때 우리나라 대부분 부모의 기대는 자녀들
이 앞으로 성장하여 예체능에서 끼를 발휘하는 것보다는 지적 분
야에서 인재가 되기를 고대하고 있습니다. 그러나 청소년들은 부
모의 기대에 반대되는 성향을 소망하고 있는 경향이 많습니다. 최
소한 현재를 기준으로 개인의 브랜드 가치를 높게 대우받고 있는
인물은 지적 능력이 우수한 인물보다는 예체능에 탁월한 능력을
지닌 인물이며, 그와 같은 인물을 더 선호하고 그와 같은 인물이
되기를 희망하고 있습니다. 그래서 청소년들은 닮고 싶은 사람, 좋
아하는 사람을 여쭌다면 예체능 분야에서 끼를 발휘하고 있는 인
물을 대상으로 하는 경우가 많습니다.

초등학교에서 학년 초에 학생들을 대상으로 장래의 꿈을 물으면
15여 년 전에는 대통령이나 판사, 검사 등 고위직이나 전문직종으
로 대부분 응답했습니다. 그러나 최근에는 체육 분야의 축구, 야
구, 골프, 동계 스포츠 분야에서 훌륭한 선수가 되는 것을 꿈꾸고
있고, 한류를 주름잡은 가수 싸이를 비롯한 아이돌 케이팝 가수,
유명 탤런트가 되는 것을 꿈꾸고 있습니다.

이와 같은 현상은 영국 프리미어리그에서 활약하다 은퇴한 축구선수 박지성과 현재도 뛰고 있는 기성용, 독일의 '레버쿠젠'에서 명성을 떨치다 영국의 명문 토트넘에서 활약하고 있는 손흥민, 피겨 스케이팅 선수로 2010년 캐나다 동계 올림픽에서 금메달을 차지한 김연아 등이 국위를 선양하고 세계적 인물로 성장했기 때문에 많은 학생들이 예체능 분야에서 꿈이 이루어지기를 소망하고 있습니다.

21세기는 인재전쟁(War for talent)의 시대입니다. 특히나 원자재가 부족한 우리나라에서는 인재를 키워야만 선진국 대열에 꾸준히 다가설 수 있습니다. 인재의 조건은 창의력이 뛰어나고 새로운 것을 수용하는 혁신적인 자세, 입체적인 사고를 비롯한 고등사고력을 지니고 있어야 합니다. 이와 같은 지적능력과 세상을 긍정적으로 바라보는 감성적인 사고와 함께 강한 승부욕을 지니도록 해야 합니다. 이러한 인재조건을 갖추도록 학교교육에서 당연히 지도되어야 하며, 그러기 위해서는 교사가 먼저 인재조건을 갖추어야 합니다.

자라나는 우리 아이들은 개인적으로 여러 분야에서 잘할 수 있는 가능성을 지니고 있습니다. 그래서 우선 좋아하는 것을 쫓아 끼를 키워가도록 도와주어야 합니다. 좋아하는 것에 미치다 보면 잘할 수 있습니다. 혹시나 좋아하는 것보다는 잘하는 것을 우선적으로 찾다 보면 실패와 착오의 경험을 보다 많이 맛볼 수 있습니다. 실패의 경험도 보다 정진할 수 있는 토양이 될 수 있으나 누적되면 자긍심을 상실할 수 있습니다.

21세기의 생산모델은 다품종 소량생산입니다. 산업사회에서는 소품종 다량생산이 생산모델이었지만, 지식을 기반으로 하는 21세기의 지식정보화시대에서는 개개인이 특성화된 재능과 우수한 능력을 지닐 때라야 보다 상품가치가 있다는 것입니다.

따라서 우리 애들이 좋아하는 것을 더 잘할 수 있도록 환경을 마련해 주고 숨어 있는 끼를 발굴하여 키워갈 수 있는 울타리를 마련해 줄 때 애들의 꿈은 다가설 수 있으며, 이는 곧 행복한 삶을 살아갈 수 있도록 길을 열어주는 지름길이 됩니다.

공부를 잘하는 어린이는
공부를 좋아하기보다는 즐긴다

창의적인 토양은 즐기는 문화에서 더욱 가능하다는 교훈을 준 이야기를 해봅니다.

호주에서 열린 '제16회 아시안컵 2015' 대회에서 한국 대표팀은 호주 대표팀과 결승전(2015.01.31.)을 갖고 아쉽게 준우승을 차지했습니다. 준우승을 이끈 한국축구 대표팀 감독 울리 슈틸리케는 결승전 뒤에 있었던 기자회견에서 "한국축구의 문제점 하나만 얘기하고 싶다. 학교에서는 선수들에게 승리하는 법을 가르칠 뿐 축구를 즐기는 법을 가르치지 않는다."고 말했습니다. 공부뿐만 아니라, 스포츠도 노력만으로 한계가 있고 선수건 관중이건 즐기는 문화를 강조하는 말입니다.

논어에 "지지자 불여호지자 호지자 불여락지자(知之者 不如好之者 好之者 不如樂知者)"라는 공자 말씀이 있습니다. "아는 사람은 좋아하는 사람만 못하고, 좋아하는 사람은 즐기는 사람만 못하다."고 해석됩니다. 아무리 두뇌가 좋아도 공부를 열심히 하는 학생을 당할 수 없습니다. 그러나 공부를 열심히 하는 학생도 공부를 진정으로 즐기는 학생을 당할 수 없습니다. 공부나 일은 좋아하는 것보다는 즐기는 것이 능률이 오르고 효과가 높다는 말입니다.

　스티브 잡스와 빌 게이츠에 대한 이야기 역시 이와 다를 바 없습니다.

　스티브 잡스는 창의력과 혁신, 그리고 카리스마적 경영 능력으로 애플을 세계 최고 IT 기업으로 성장시킨 경영자입니다. 애플(Apple: 사과)을 인간의 본질적 행동 패턴과 직관에 대한 인문학적 이해로 사과와 아이폰을 융합하여 IT 제품 및 디자인에 반영한 스티브 잡스의 창의성은 세계를 변화시켰습니다. 마이크로소프트 최초의 창업자 빌 게이츠는 MS-DOS와 윈도우로 세계 컴퓨터 시장을 제압하였습니다. 그리고 그는 소프트웨어를 개발하는 데 그치지 않고 전 세계적인 네트워크를 통한 정보서비스 사업을 구상하는 등, '손가락 끝에 모든 정보를'(Information At Your Fingertips)'이라는 가치 아래 최첨단 정보화 사회에 대한 비전을 제시하였으며, 해마다 벌어들인 소득을 사회에 환원한 기부왕이기도 합니다. 그들은 한결같이 호기심이 많고 독서를 즐긴 21세기의 최고의 CEO였습니다. 스티브 잡스도 독서광이었으며 빌 게이츠 역시 오늘날 자신을 만든 것은 동네 도서관이라고 말할 정도로 독서를 즐겼습니다. 스티브 잡스와 빌 게이츠가 21세기에 세계 IT 기술의 혁신을 가져오고 미국 경제를 지탱할 수 있게 한 근본은 그들이 하는 일을 즐겼다는 데 공통점이 있습니다.

우리나라 국민은 해방 이후 빈곤과 씨름하여 억척스럽게 살아온 문화에 익숙해져 있어 어떤 문화를 즐긴다는 것을 죄악시하는 분위기가 있었습니다. 그래서 어린이건 어른이건 노는 것과 즐기는 것을 꺼렸습니다. 오히려 노는 것과 즐기는 것은 미친 사람이 하는 짓이라고 놀림받았습니다. 학생은 오로지 공부만, 직장인은 일에만 목을 맸습니다. 덕분에 한국은 세계의 모범이 될 정도로 기적적인 발전을 했으며, 그래서 한국의 발전을 한강의 기적이라고까지 칭송을 받았습니다. 그러나 여유가 없을뿐더러 문화를 즐기고 문화를 사랑하는 멋이 부족해서 질 높은 삶을 추구하기까지는 지금도 진행형입니다. 근면과 노력, 절제만으로는 즐기고 사는 데는 한계가 있습니다.

　오히려 즐기는 문화가 확산되어 스티브 잡스와 빌 게이츠를 탄생시킨 창의적인 토양을 가꿀 필요가 있습니다. 우리 어린이들이 선택한 일을 즐길 수 있도록 하는 교육방법을 쏟을 때입니다.

창의성은
고정관념의 탈출로부터 시작한다

세계 최초로 아메리카 대륙을 발견한 콜럼버스(Christopher Columbus)는 달걀을 세운 사람으로도 유명합니다. 콜럼버스가 신대륙을 발견하고 돌아와 친구들에게 자랑하고 있었지만, 친구들은 이를 믿지 않고 퉁명스러운 반응을 보였습니다. 그때 화가 난 콜럼버스는 옆에 있던 달걀 하나를 치켜들고 친구들에게 달걀을 세워보라고 했습니다. 하지만 아무도 세우지 못했고, 콜럼버스는 달걀을 빼앗아 한쪽을 깨뜨려 세웠습니다. 그렇게 세워진 달걀은 쉬운 것처럼 보였을지라도 고정관념을 깨뜨린 발상의 대전환이었습니다. 고정관념을 탈피하지 않고는 불가능한 일입니다. 이 발상의 전환이 곧 창의성입니다.

창의성은 정답을 요구하는 고정관념보다는 사고의 과정을 존중하며, 고착화된 습관을 탈피하고 새로운 착상으로 문제해결에 접근하며 오류와 시행착오를 용인하는 몇 가지의 탈 학습환경을 전제로 합니다.

대부분의 사람은 성인이 될수록 창의력과는 동떨어진 사고를 하곤 합니다. 그 원인은 틀에 박힌 과거의 습관 때문이며, 습관은 자유로운 사고 작용을 속박하며 억압하기 때문입니다. 이 억압은 새로운 문제해결을 착수하지 못하게 막아버립니다. 특히 입시 위주의 성적 우월주의 풍토에서는 응용력과 적용력을 발휘할 수 없는 틀에 박힌 지식을 지향합니다. 이와 같은 지식은 이미 구조화된 지식으로 당시에는 생명력이 있는 지식일지라도 그리고 이 시간에 산출된 지식이 정답일지라도 내일은 틀린 지식이거나 쓸모없는 지식일 수 있습니다. 그렇기 때문에 창의력을 키우기 위해서는 고정관념에 사로잡힌 교육환경을 깨뜨려야 합니다.

정답을 잘 말하는 학생보다는 질문을 잘하는 학생들이 훨씬 더 창의적이라는 인식을 갖도록 해야 합니다. 학생들의 질문에 대해 격려해 주고 관심을 보이며 반응해 주어야 합니다. 다음은 학생들에게 틀에 박힌 습관을 멀리하고 문제를 해결하는 방법이 다양하다는 것을 깨닫도록 합니다. 한 가지 정답보다는 정답이 여러 가지거나 정답이 없을 수 있다는 것도 깨닫게 합니다. 버리지 못한 습관은 고정관념으로 고착되어 창의성을 저해하는 가장 큰 요인으로 작용할 수 있기 때문입니다.

한편 습관을 탈출한 열린 사고와 함께 학습 과정을 존중해 줍니다. '실패는 성공의 어머니'라는 오랜 속담처럼 학생이 당장 아름다운 작품을 만들지 못했다고 말하기보다는 만들기까지 공들인 노력을 칭찬해 줍니다. 학습 과정에서 오류와 시행착오의 경험을 겪게 되면 보다 나은 창작물과 생산물이 창출됩니다. 바로 학생들의 내적 사고 과정을 통하여 자신들의 모순을 발견하는 '오류개념(Miss Conception)'의 재학습이 이루어지면 올바른 지식으로 공식화됩니다.

그리고 힘든 일에 부딪혔을 때를 즐길 줄 아는 남다른 취미를 갖도록 하는 것도 창의성을 유발하도록 하는 바람직한 발상입니다. 창의성이 있는 사람은 하는 일에 막힘이 있을 때 좌절하지 않고 새로운 활로를 찾게 될 것입니다. 막힘을 뚫을 수 있는 새로운 것을 찾고 그 새로운 것에서도 더 새로운 것을 찾아내는 일에 몰입하는 즐거움입니다.

창의성은 한정된 특수한 사람만 소유하는 것은 아닙니다. 누구나도 고정관념을 탈피하여 발상을 전환하면 새로운 것이 보입니다.

기존지식을 강조하는 교실에서는
창의성이 나타나지 않는다

　　　　　창의성 교육은 기존지식을 강조하는 수업 분위기에서는 이루어지기 힘들며, 자신이 가지고 있는 지식에 새로운 지식을 맹목적으로 동화함으로써 저절로 생겨나는 것은 아닙니다. 창의성 교육은 반드시 어떤 원인이 있고 그 원인에 대한 문제의식을 갖고 구속 없는 해결 노력에 의해서 일어나게 됩니다. 그런데 구속 없는 해결 노력은 남과 다른 생각을 일으키는 방법인데, 그 조건은 학습자 조건(내적 조건)과 교사의 조건(외적 조건) 그리고 수행 조건(교수 기법: 가르치는 방법)으로 구분할 수 있습니다. 다만 학습자 조건과 수행 조건도 교사가 지도해야 한다는 책무성을 간과하지 말아야 합니다.

　　창의성을 계발하는 교육의 조건 중 학습자의 조건과 교사의 조건, 그리고 창의성을 계발하는 교수 기법을 차례대로 제시합니다.

학습자가 지녀야 할 조건

- '나도 남과 다른 생각을 할 수 있다'는 스스로의 능력에 믿음과 자신감을 갖는 일입니다.

- 복잡하고 모호한 것은 골치 아픈 문제라고 생각하여 회피하지 않고 오히려 그것에 즐겨 도전하려는 도전 의식을 갖는 일입니다.

- 어떤 문제 사태에 대하여 한쪽으로만 바라보지 말고 여러 각도로 살펴보아 궁리하려는 다면적 사고를 갖는 일입니다.

- 여러 가지 자료나 정보를 효과적으로 분석하고 종합하는 능력과 주어진 자료로부터 통상적인 의미가 아닌 새로운 의미를 찾아내거나 그러한 의미를 갖도록 자료를 보다 정교하게 만드는 능력을 갖는 일입니다.

교사가 지녀야 할 조건

- 학습자가 심리적으로 안정감과 자유로운 허용감을 느낄 수 있도록 하는 환경을 조성해 주는 일입니다.

- "이것이 무엇이냐?"라고 묻는 것보다 "왜 그렇다고 생각하느냐?"식의 물음에 항시 익숙해지는 일입니다.

- 질문의 응답을 기다려주는 넉넉한 마음과 학생의 응답을 교사가 요약해 줄 것이 아니라 학생들 스스로 응답하게 하는 일입니다.

- 문제 사태에 대하여 뒤집어 사고할 수 있도록 하는 등 입체적인 사고력을 길러주는 일입니다.

- 문제 사태에 대하여 선택을 스스로 맡기고 선택의 까닭을 확언하도록 합니다.

- 자료를 모아 분석, 종합, 비판하는 등의 자료 처리를 학습자에게 맡깁니다.

창의성 교수(教授)의 방법, 즉 가르치는 기법

- 새로운 아이디어를 산출하도록 다양한 경험을 갖도록 합니다.

- 토마스 에디슨(Thomas Alva Edison)은 12살 때부터 그랜드 트렁크 열차의 판매원으로 일하면서 직접 생생한 산지식을 체험으로 얻었으며, 14살이 채 되지 않아 혼자서 신문을 발간하고 틈틈이 과일을 팔았습니다. 그가 전화국에서 일하면서 전기에 대한 많은 지식을 배웠던 때였으며, 그의 나이 20살을 넘지 않았습니다. 에디슨이 소년 시절에 겪은 다양한 경험은 후에 발명왕이란 칭호를 얻게 하는 원동력이 되었습니다.

- 여행은 상상력을 살찌게 하는 경험입니다.

- 여행에서 얻는 경험은 우리의 기억 속에 오래도록 생생하게 남아 있어 우리들의 상상력을 강화시켜 줍니다. 창의력 향상에 미치는 여행의 가치는 여행에 쏟는 노력 정도에 달려 있습니다. 즉 유의미성 있는 여행이 되도록 세심한 계획이 필요합니다.

- 게임과 퀴즈풀이도 중요한 아이디어를 생산하는 원료가 됩니다.

- 다양한 게임에서는 이기기 위해 아이디어를 짜냅니다. 아이디어는 시행착오를 가져옵니다. 시행착오는 틀림이 아니라 바르게 하는 방법을 터득하게 해줍니다. 이러한 과정에서 창의성은 계발됩니다. 퀴즈풀이는 과거의 경험과 현재 지니고 있는 지식과 지혜를 활용하게 됩니다. 또한 퀴즈의 내용에 따라 다양한 경험과 독서에서 얻는 지식 등을 포함합니다. 퀴즈풀이는 다양한 경험들을 조

합하고 사고의 연쇄 반응을 일으켜 퀴즈를 풀이하게 됩니다. 이러한 과정에서 상상력의 원료가 만들어집니다.

- 취미와 미술은 아이디어 산출의 원료가 됩니다. 취미는 사람에 따라 매우 다양합니다.

- 이를테면 수예 취미는 뇌의 활동과 손의 활동 사이에 상호 영향을 주고 무늬의 디자인을 고안하려면 많은 창의력 활동을 필요로 합니다.

- 미술은 상상력을 불러일으킵니다. 아리스토텔레스(Aristotele)가 지적한 것처럼 미술은 어떤 감상적인 사물을 실제로 환원시켜 줍니다.

- 미술에서의 미적 체험학습은 미술과 생활 영역을 확대 발전시키며, 미적 체험을 바탕으로 표현과 감상 활동을 활발히 전개할 수 있습니다. 또한 미술은 대상을 관찰하여 객관적으로 표현하고 기억이나 생각에 의해 상상으로 표현, 감정을 강조한 표현, 단순한 재료의 탐색을 통한 표현을 합니다. 한편 작품을 보는 능력을 길러줌으로써 생활 속에서 미술을 향유할 수 있도록 하게 하는 등 미술은 창의력을 유발하거나 향상시키는 데 기여합니다. 이와 같은 경우는 음악, 조작활동, 무용에서도 그렇습니다.

- 창의력은 독서를 통하여 성장합니다.

- 베이컨(Francis Bacon)은 '독서는 사람을 완전하게 만든다.'고 주장했습니다. 이처럼 독서는 상상에 양분을 공급하며 뼈대를 제공합니다. 라브뤼예르(Lean de La Bruyere)도 책을 통해서 "고대와 근대인 가운데 우수한 사람들에게 자양분을 얻고 있다. 그들의 알갱이를 가지고 과즙을 짜는 것처럼 흡수하여, 그 것으로 자기가 스스로 책을 풍선처럼 부풀린다." 특히 독서물 중에서 자서전은

어떤 사람의 가치 있는 생(生)을 기록한 책에서 흔히 그가 생각하는 그의 상상 방법에서 탁월했다는 것을 알게 되어 상상력이 길러집니다.

- 대중을 위한 과학과 같은 간행물은 거기에서 창의적인 분위기를 맛볼 수 있으며 새로운 아이디어의 진열장으로 이용할 수 있다고 합니다. 또한 독서방법 중 중요한 것들을 메모해 놓으면 창의력 훈련에 매우 좋으며 마크 트웨인(Mark Twain)의 앨버트 페인(Albert Bigelow Paine)의 생애에서 작자는 그의 책상이나 침대, 당구장 선반 위에 그가 읽었던 대부분의 책을 비치하여 두었습니다. 그리고 거의 모든 책에는 책장의 서문에다 비평이나 아이디어 등의 주석을 달아 놓았습니다. 이와 같이 중요한 독서는 풍부한 경험으로 대치될 수도 있습니다.

- 글을 써보는 것은 하나의 훌륭한 창의력 훈련 방법입니다.

- 글을 쓴다는 것은 상상력을 훈련시키는 데 크게 도움을 줍니다. 창의력 측정을 위한 과학적인 검사는 표현의 유창성이라는 측정 요인을 포함하고 있습니다. 아널드 베넷(Arnold Bennett)은 '글을 써보는 것'은 정신능력에 향상을 꾀하려는 노력에서 불가결한 부분이라고 주장합니다. 따라서 일기 쓰기, 독후감 쓰기, 동요 및 동시를 짓는다는 것은 상상력을 동원해야만 이루어지는 일이기에 상상력을 키우는 훈련 방법 중 가장 값진 일입니다.

- 창의적 문제해결력의 훈련도 하나의 창의력 훈련 방법입니다.

- 창의력을 계발하는 가장 직접적인 방법은 창의력 자체를 훈련하는 것, 즉 실제로 특수한 문제에 관한 해결책을 생각해 보는 것입니다.

이와 같은 훈련은 창의적 문제해결을 다룬 사람이 그렇지 않은 사람보다 단연 창의력이 우수하다는 결론입니다. 과학 또는 수학 영재교육 대상자는 그렇지 않은 대상자보다 훨씬 창의력이 뛰어납니다. 위에서 언급한 사례처럼 창의적 문제해결을 위한 특수적인 문제해결책을 다루거나 문제해결 기법을 적용하며 보다 깊은 사고력과 다르게 생각해 보는 다양한 기회를 갖는다는 것입니다.

창의성 교육을
학교교육의 정점에 두고 있다

21세기 정보화 사회에서는 정보를 머릿속에 저장하는 기억보다 주변에 널려있는 정보를 토대로 새로운 지식을 창출해 내는 능력을 강조하고 있습니다.

앨빈 토플러도 지식의 개념을 새롭게 정의하면서 앞으로의 미래 사회에서는 창의력을 발휘할 수 있는 지식을 바탕으로 교육의 구조 조정이 이루어져야 한다고 역설했습니다. 이는 인간이 인간답게 살기 위한 최소한 기초가 되는 지식을 바탕으로 창의력을 발휘할 수 있는 지식으로 이끌어 나가야 한다는 것입니다.

그래서 학교교육에서는 창의성 교육을 정점에 두고 있습니다. 국가수준 교육과정에서 추구하는 교육적 인간상은 '21세기의 세계화·정보화시대를 주도할 자율적이고 창의적인 한국인 육성'에 있으며, 이를 바탕으로 수시로 개정 교육과정의 기본 방향을 구축하고 있습니다.

이에 교육과정의 목표는 '건전한 인성과 창의성을 함양하는 기초·기본 교육의 충실'에 두고 있습니다. 이는 교육목표 측면에서 학생의 건전한 인성과 창의성을 함양시켜 나가려면 무엇보다 기초적이고 기본적인 교육을 충실히 하는 데 중점을 두어야 한다는 논지입니다.

교육과정의 내용은 '세계화·정보화에 적응할 수 있는 자기주도적 능력의 신장'에 두고 있습니다. 이 또한 창의적인 한국인을 기르기 위해서는 자기주도적인 학습능력을 촉진시킬 수 있는 창의적인 교육활동이 학생의 발달 정도에 알맞게 이루어져야 합니다.

교육과정의 운영은 '학생의 능력, 적성, 진로에 적합한 학습자 중심의 교육의 실천'에 두고 개인차를 고려한 학생 개개인의 성장 잠재력과 교육의 효율성을 극대화하는 입장에서 학습자 중심의 교육의 실천이라고 할 수 있습니다.

끝으로 교육과정의 제도는 '지역 및 학교교육과정 편성·운영의 자율성 확대'에 두고 지역과 학교의 특성을 살린 다양한 교육의 전개를 위한 창의성 교육의 시스템 구축에 있다고 할 것입니다.

이와 같은 제론은 '창의성 교육 방향'이 '국가수준 교육과정'의 큰 축을 형성하고 있는 교과교육과정과 창의적 체험활동 두 영역이 통합적으로 이루어져야 하기 때문입니다.

따라서 학교교육에서 창의성 교육은 교과교육과정과 창의적 체험활동의 과제를 창의적으로 해결할 수 있도록 하는 지도방법을 투입하는 일에 소홀하지 않아야 합니다. 구체적으로 밝히면 창의성 교육은 기본적으로 기초교육의 충실에 두고, 창의성 교육 내용

구성, 창의적인 학습방법, 창의성을 일깨울 수 있는 교실 분위기의 조성, 창의성을 키울 수 있는 학습장(學習場)을 조성하는 등 다섯 가지 방향에서 구상해야 타당할 것입니다.

창의성 교육의 다섯 가지 방향

- 창의성 교육 이전에 말하기·듣기, 읽기·쓰기, 셈하기 등 기초교육이 충실해야 해야 합니다. 가장 기초적인 3R's 교육이 튼튼하지 않으면 창의성 교육은 공염불에 지나지 않습니다. 튼튼한 3R's 기초교육의 토대 위에서만 창의성 교육이 가능합니다.

- 창의성 교육내용을 탐구 중심으로 구성해야 자기주도적 문제해결력을 키울 수 있습니다. 불확실한 지식을 확실한 지식으로 이끌어내는 탐구력이 다름 아닌 새로운 문명과 문화를 창출하는 '메타인지' 능력입니다.

- 경험, 체험, 조작, 오감 등 다양한 학습경험이 학습자 주도로 수행할 수 있도록 유도해야 합니다. 특히 경험과 체험은 자기의 꿈을 발견하고 키우는 원동력이며 최고의 배움입니다.

- 정답보다는 사고의 절차와 학습과정을 존중하며, 오류와 시행착오를 허용하는 학습환경이 조성되어야 합니다. 사고의 절차와 시행착오의 경험은 훌륭한 스승입니다.

- 개인차를 존중한 협동학습활동 기회를 제공해야 합니다. 차원 높은 지식은 동질집단이 아니고 이질집단에서 얻습니다. 차별화된 이질적인 사고의 교류는 곧 질 높은 훌륭한 결과물을 만들어냅니다.

지금까지 밝힌 창의성 교육의 다섯 가지 방향은 창의적인 지식을 창출하는 최소한의 인프라입니다.

미래학자인 피터 드러커는 '창의적인 지식이 없는 나라는 망하게 될 것'이라는 새로운 예언을 하면서 자국인 미국의 전 국민이 지식으로 무장하고 국가적 차원에서 지식을 활용할 때 세계 유일의 강대국으로서의 지위를 유지할 수 있을 것이라는 신념을 역설하였습니다.

지식으로 먹고사는 우리나라도 이외는 아닙니다. 창의적인 지식을 간직한 한국인으로 거듭나기 위한 출발점은 창의성 교육을 학교교육의 정점에 두고 창의성 교육과정을 실천하는 일입니다.

창의성은
기초교육이 충분해야 커진다

창의성 이전에 기초교육이 필요합니다. 상위 목표는 창의성이지만 그 기본은 기초교육에 두고 있습니다. 교육 현장에서는 기초교육은 소홀히 하고 창의성만을 외치는 경우가 허다합니다. 기초가 튼튼해야 창의성이 세워지며, 기초가 없는데 창의성을 어디에 세울 것인가요?

한 그루의 사과나무가 서 있다고 가정합시다. 사과나무가 큰바람에 넘어지지 않기 위해서는 사과나무를 지탱하는 뿌리가 튼튼해야 합니다. 뿌리가 튼튼하지 않고서는 사과나무를 지탱하기 어려우며 튼실한 열매를 맺지 못할 것입니다. 이처럼 사과나무의 뿌리는 사과나무 구실을 다하기 위한 기초에 해당하는 곳입니다.

'기초'란 무엇일까요?

- 기초는 다양한 영역에 관련된 지식입니다. 이를테면 물리학에서 힘이라는 개념은 운동량 보존, 일과 에너지 원리, 각 운동량 보존 등 법칙을 정립하는 기초가 됩니다.

- 기초가 되는 내용은 가장 완전한 지식입니다. 관성이라는 개념은 역학의 모든 영역에서 가장 핵심적인 지위를 차지하고 있습니다.

- 어떤 지식이 기초인지 아닌지는 그 분야의 전문가라야 알 수 있습니다. 전문가라야 그 지식의 구조를 관통하는 기초개념이 무엇인지 알 수 있습니다.

- 기초개념은 깊이가 매우 깊습니다. '정직하게 산다'는 것은 일생을 살아도 부족한 것입니다.

- 기초가 부실하면 큰 재앙을 초래합니다. 성수 대교가 무너진 것은 설계가 잘못된 것이 아니라 나사를 조이고 용접에 해당하는 '기초'가 잘못된 것입니다.

- 기초는 시작이자 마지막입니다. 도를 닦기 전에는 산은 산이고 물은 물이었는데, 도를 닦으면서 보니 산은 산이 아니고 물은 물이 아니었습니다. 그런데 도를 닦고 보니 역시 산은 산이고 물은 물이었습니다. 즉, 학문을 닦을수록 기초의 의미가 새롭고 가슴에 와 닿습니다.

- 기초가 없는 고등지식은 사회의 부담만 가중시킵니다. 기술은 없고 지식만 있으면 공리공론만 일삼고 불평불만만 일삼습니다.

- 학교교육과정에서 기초는 말하기·듣기, 읽기·쓰기, 셈하기입니다. 이것이 3R's입니다.

기초교육의 방법은 어떻게 할까요?

어떤 교육이나 쉬운 것은 없습니다. 기초교육도 쉬운 일은 아닙니다. 그래도 기초교육은 쉽다고 생각합니다.

- 기초교육은 반복적인 연습을 통해서 가능합니다. 과학에서 저울을 사용하여 물체의 질량을 측정하는 것은 누구나 할 수 있으나 기초교육은 여러 번 반복하여 학습하지 않으면 할 수 없습니다.

- 기초교육은 모든 학생에게 동일한 교육이 가능합니다. 교육은 개인차가 있습니다. 그러나 기초교육은 창의력이나 문제해결력에서 나타나지 않기 때문에 기초교육은 동일한 교육이 가능하나 그렇다고 기초교육이 없으면 창의력과 문제해결력은 생성되지 않습니다.

- 기초교육은 철저하게 해야 합니다. 기초라고 해서 간단히 단순하게 처리하지 말고 자동화될 때까지 반복해서 철저히 해야 합니다. 그래야만 상위 지식을 터득할 수 있습니다.

기초가 튼튼한 토대 위에 건축을 하면 높이 쌓아 올릴 수 있습니다. 그렇습니다. 기초를 튼튼히 한 이후에 비로소 창의성이 커갈 수 있습니다. 예컨대 말하기·듣기, 읽기·쓰기, 셈하기 등 3R's 교육이 튼실해야만 창의성 교육이 가능합니다. 때문에 학교교육에서 이루어지는 교과교육에서 기초학력을 정착하는 데 절대 소홀하지 않아야 하는 이유입니다.

창의성 계발은 학생이 주도하고 다섯 원리를 존중한다

　　　　　　스미스(Smith)는 '창의력 교육은 무방법이 방법이다.'라고 했습니다. 이 말은 창의력 계발 교육은 정형화된 특정한 방법보다는 상황과 대상에 따라서 창의적인 적절한 방법을 적용해야 한다는 것입니다. 따라서 창의성 계발을 위한 특설 프로그램을 개설하여 이용하는 것도 한 방법이기도 합니다. 그러나 평소에 교육 전반에 걸쳐 교재 내용을 창의적으로 학습할 수 있도록 재구성하여 창의적인 교수법을 통합적으로 적용함이 바람직합니다. 따라서 창의성 교육의 원리를 이야기해 보고자 합니다.

창의성 교육의 원리

- 통합성의 원리입니다. 기존의 지식이나 사고방식과는 완전히 단절되어 산출하는 것이 아니고 여러 가지 사물이나 상황을 통합시켜 생각하고 관련짓고 연결시켜 재구성해 보고, 종합해 보는 통합적인 내용과 교수기법이 필요합니다.
- 다양성의 원리입니다. 다양한 문제와 다양한 자료를 제시하고 다양한 접근 방법을 시도하여 다양한 해답을 얻을 수 있도록 유도해야 남다른 생각을 자극하

게 됩니다.

- 개방성의 원리입니다. 다른 많은 의견이나 생각을 수용하면 남다른 생각을 일으키는 데 도움이 됩니다. 따라서 다양한 의견과 사례가 담긴 하찮은 자료에도 항상 친근해야 합니다.
- 자율성의 원리입니다. 남의 생각에 얽매이지 않고 기존의 질서나 규범에 구애받음 없이 스스로 문제를 해결할 수 방법을 발굴하도록 합니다.
- 긍정성 강화의 원리입니다. 교사의 지속적인 지지와 긍정적인 강화가 지속되어서 교실을 창의적인 분위기로 이끄는 것이 필수입니다.
- 창의적 발문의 원리입니다. 창의적인 사고를 유발하는 데는 확산적 발문으로부터 시작합니다. 제한된 응답을 요구하는 발문이 아니라 자유롭고 폭넓은 사고를 유도할 수 있는 발문이 필수요건입니다.

창의성 교육은 지금까지 밝힌 다섯 가지 원리를 존중할 때 창의력은 더욱 왕성해집니다. 먹여주는 창의성 교육은 답습에 지나지 않아 발전이 없습니다. 창의성 계발은 학생 개개인이 주도가 되어 현장에서 체험과 오감(시·청·후·미·촉, 視·聽·嗅·味·觸)학습이 가능하도록 해야 합니다.

학습자 주도의 다양한 학습경험을 하는 학생과 그렇지 않은 학생과는 꿈의 폭과 생각의 깊이부터 차이가 있습니다. 경험과 체험, 조작, 오감(관찰 및 살피고, 듣고, 냄새를 맡고, 맛을 보며, 만지거나 느낌) 등을 통한 학생 주도의 학습이 가능할 때 창의성이 계발된다고 누차 강조합니다.

가까운 박물관, 과학관을 탐사하거나 짧은 테마 여행을 하는 등 구체적인 활동에 직접 참여시키는 것이 중요합니다. 이런 다양한 경험을 통해 아이들은 자유롭게 탐색할 수 있게 됩니다. 이를 구체적으로 밝히면 이해가 쉽습니다.

창의성을 계발하는 오감학습

- 현장학습(field learning)은 일상적인 학습 공간을 떠나 자연 현상이나 사회적 사실과 현상이 구체적으로 나타나 있는 현장에서 견학, 면접, 조사, 관찰 등 실제적인 활동을 통하여 호기심이나 흥미를 이끌 수 있어 학습에 매우 도움이 됩니다. 바로 현장학습에서 얻어진 흥미와 호기심은 창의성의 발단이 된다는 말입니다.

- 체험학습(doing learning)은 체험을 통한 학습, 즉 몸소 경험하여 체득해 가는 학습을 하면 새로운 사실을 발견하게 되고 이러한 과정에서 더 높은 탐구유발을 가져오는 효과를 거두게 됩니다.

- 체험자들이 오감이나 신체적 활동으로 체험할 때가 보다 효과적입니다. 보고(see), 듣고(listen), 냄새(smell), 맛보고(taste), 만지고(touch)·느끼기(feel) 등 오감을 통해 체험을 몸소 수행할 때 창의력은 왕성하게 일어납니다.

현행 국가수준 교육과정은 창의적인 능력을 발휘하는 인간육성을 추구하는 데도 있습니다. 지식을 기반으로 하는 정보화 사회에서는 그 나라 국민의 창의력 역량에 달려 있습니다. 과거처럼 레드 오션(Read Ocean: 경쟁자들이 우글거리는 시장인 붉은 바다) 전략으로는 지식을 기반으로 하는 정보화 사회에서는 살아남기 힘듭니다. 싸우지 않고 이길 수 있는 시장을 만들어내는 블루오션(Blue Ocean: 경쟁자들이 없어 높은 소득을 쉽게 창출하는 푸른 바다) 전략이 요구됩니다. 즉, 발상의 전환으로 새로운 지식을 창출해 낼 수 있는 창의성 계발 전략입니다. 최소한 위에서 밝힌 다섯 가지 창의성 교육의 원리를 존중하면서 학습자 주도의 창의학습 전략이 필요합니다.

창의성은
만들어 가는 것이다

창의성에 대한 정의는 다양합니다. 그중에서 칙센트미하이(Csikszentmihalyi)와 울프(Wolfe)의 '독창적이고 가치가 있으며 실천할 수 있는 사고 또는 산출물'이라는 정의가 널리 받아들여지고 있습니다. 창의성은 초기 대부분의 연구에서 사고 또는 산출물의 독창성, 새로움이 핵심 요소로 강조되었으나 새로움 하나만으로 창의성의 의미가 충분하지 않다는 전제하에 후속연구가 이어지면서 발전되었습니다. 즉, 창의성이 새롭고 독창적이기만 해서는 더 이상 창의적이라고 인정하기 어렵다는 것을 강조하는 동시에, 사회·문화적 맥락에서 가치 있게 인정되며 실현될 때 창의적이라고 인정되는 점을 강조하고 있습니다. 그리고 창의성은 도덕적 요소를 포함하고 공익의 이익을 추구하는 것으로 이해해야 한다는 견해도 포함하고 있습니다. 그러므로 창의성은 사회문화적 맥락과 불가분의 관계를 형성합니다. 따라서 창의성에 대한 정의는 독창성, 가치, 실현성의 세 요소를 포함하는 것으로 정리할 수 있습니다.

창의성의 독창성은 특정 아이디어나 산출물이
사회, 문화, 속에서 가치를 인정받고, 실현 가능해야 한다.
자료: M. Csikszentmihalyi & Wolfe, 2000

　창의성의 구성 요소는 생물학적 요소, 개인적 성향, 인지적 요소, 미시 사회적 환경, 거시 사회적 환경의 다섯 가지로 구분합니다. 생물학적 요소는 뉴런, 호르몬, 조절 유전자, 뇌 성장 등으로 설명됩니다. 개인적 성향은 모호성에 대한 인내, 위험 부담이 높은 일에 대한 도전 정신, 희열, 만족에 대한 기쁨을 지연할 수 있는 능력 등을 포함하며, 인지적 요소는 일반지식, 영역지식, 확산적 사고력 등을 예로 들 수 있습니다. 미시 사회적 환경은 가족, 친지 및 주거환경과 관련되며, 거시 사회적 환경으로는 이웃, 직장, 종교, 종족, 정치적, 경제적, 사회적 환경이 이에 포함됩니다. 여기서는 복잡한 생물학적 요소를 제외한 나머지 네 가지 요소를 소개하여도 창의성을 만들어 가는 환경을 설명하는 데 충분합니다.

우반(Urban)은 창의성의 구성 요소를 다음과 같이 제시하고 있습니다.

구분	요소	하위요소
인지적 요소	확산적 요소	독창성, 정교성, 유창성, 융통성, 연결시키는 능력, 재구성력, 제조직력, 문제 민감성 등
	일반 지식과 사고력	비판적 사고력, 논리적 사고력, 분석적 사고력, 종합력, 기억 연결망, 포괄적 견해 등
	특정 영역 지식과 기능	영역별 기능, 전문성 등
개인적 성향	과제 집착력과 집중력	주제, 대상, 상황, 산출물에 집중하는 능력, 지구력, 집착력, 선택하는 능력, 열정 등
	동기유발	호기심, 지식과 탐구에 대한 욕구, 의사소통, 자기실현화, 헌신, 책무감 등
	개방성과 모호성에 대한 인내	실험하는 것, 즐기는 것, 위험 감수에 대한 적극성, 비추종성, 자율성, 유머, 역행하거나 여유를 가지는 것 등

교육을 통해 창의성을 함양하기 위해서는 교수-학습 방법면에서 여러 가지 구성요소들의 상호작용을 신중히 고려해야 한다. 여기서는 우반의 창의성 구성요소 모형에 의거하여 인지적 요소, 개인적 성향을 표로 제시하고 더불어 환경요소를 설명하고 있다.

자료: K.Uban.(1995)

창의성은 본디 태어나면서부터 가지고 태어나지 않았습니다. 지능과 창의력과의 관계에서 평균 이상의 지능을 가진 사람이 창의력이 높을 가능성은 높지만, 지능과 창의력이 동일하지 않다는 것은 확실합니다. 때문에 유전적인 영향보다는 자라는 과정에서 후천적으로 생육 환경의 다양한 경험에 따라서, 그리고 환경에 적응하고 환경을 이용하고 때로는 환경에 부대끼면서 나타난 영향이 훨씬 더 크다는 것이 일반적인 견해입니다.

따라서 창의성은 만들어 간다는 사실에 방점이 있습니다. 학교 생활과 가정생활, 사회생활 등 모든 환경에서 창의성에 대한 유인 효과를 가져올 수 있습니다.

구체적으로 살피면, 학생들에게 개인적 성향에서 창의성 계발의 유인 효과를 높이기 위해서는 새로운 사고나 경험에 대한 개방성을 용인하고 도전성, 자율성, 자기중심적 성향, 긍정적 자기 평가, 자부심, 자신감의 모든 측면을 수락하는 성향, 복잡성을 추구하는 성향, 애매모호한 상황을 인내할 수 있는 성향 등을 함양하도록 지도해야 합니다.

인지적 요소들을 계발하기 위해서는 수업에서 학생들이 교사가 제시하는 문제해결 활동을 수행할 때, 최소한 일부분에 대하여 자기주도적으로 결정을 내릴 수 있도록 허용해야 합니다. 특히나 문제 발견과 문제해결력에 대해서는 더더욱 그렇습니다. 문제 발견은 민감성을 발휘하여 문제에 민감하게 접근할 때 우수한 문제를 발견할 수 있습니다. 문제해결력은 난점이나 방해물을 제거하는 것과 기존 상황을 보다 효율적으로 처리하는 데 요구되는 문제해결책을 제시합니다. 특히 인지적인 일반 지식은 무의식중에 학교 밖의 광범한 경험에서 얻어집니다. 물론 의도적으로 다양한 체험을 강조하는 일은 창의성을 일깨우는 데 기여합니다. 일반 지식은 사고의 자원으로서 새로움을 창출하는 중요한 역할을 합니다. 이러한 맥락에서 학교는 학교 밖 학습을 학교 학습과 연결하여 학생들에게 창의성을 계발하는 기회로 활용합니다.

또 창의성을 구성하는 핵심요소로는 영역 지식과 기능이 강조됩니다. 영역 지식은 창의적 사고와 산출물을 생산하는 데 필수요소로 작용합니다. 따라서 창의성은 포괄적인 일반 지식과 영역 지식의 존재하에 이를 다루는 기능이 필요합니다. 지식의 측면에서 볼 때, 새로운 사고는 기존에 이미 인정된 사고와 비교하여 독창성과 가치, 실현성이 인정될 때 창의적이라 할 수 있습니다. 따라서 창의적 과정을 거쳐 새로운 사고를 창출하는 시작점이 되는 영역 지식을 제공해야 합니다.

사회적 환경도 한몫을 차지합니다. 역사적으로 창의성을 지닌 것으로 판명된 사람들은 그 시대의 영웅으로 간주됩니다. 즉, 창의성을 가진 사람들의 사고와 행위는 그 시대의 사회적 환경에 지대한 영향을 미치고 변화를 실현하였기 때문입니다.

사회적 환경 중 미시적 사회 환경으로 가정환경과 가족의 역할을 들 수 있습니다.

① 자녀의 창의성을 계발하고자 하는 가정에서는 자녀의 자유를 허락하고 의견을 존중하며 ② 적당한 수준의 감정적 거리를 유지하고 ③ 규칙보다는 가치를 우선해야 하며 ④ 성적보다는 성취를 강조하고 ⑤ 창의성을 격려하고 부모가 전문성을 추구하는 것이

얼마나 중요한가를 자녀에게 인식시키며 ⑥ 자녀가 미래에 대한 꿈을 가지게 하며 ⑦ 유머가 있는 가정의 분위기를 유지해야 합니다.

거시적 사회 환경으로 사회적 분위기가 개인의 창의성 발현에 지대한 영향을 미친다는 연구들이 발표되고 있습니다. 아리에티(Arieti)에 따르면 다음과 같은 특징을 지닌다고 주장했습니다.

① 창의성을 지닌 사람이 인정받고 독창적인 능력을 발현하도록 긍정적으로 지원하는 사회 ② 새로운 자극을 개방적으로 수용하는 사회 ③ 눈앞의 만족과 쾌락에 안주하지 않고 무언가 새로운 추구를 지원하는 사회 ④ 문화적 매체가 사회계층에 차별 없이 제공되는 사회 ⑤ 자유가 제공된 사회 ⑥ 상반된 문화를 경험할 수 있거나 교류가 이루어지는 사회 ⑦ 비정상적인 사고나 견해를 인내하는 사회 ⑧ 다른 문화와 사고를 가진 사람과 상호작용을 할 수 있는 기회가 제공되는 사회 ⑨ 창의성에 대한 보상이나 진급이 제공되는 사회 등을 들 수 있습니다.

특히 창의성 계발 교육은 학교교육의 몫이 가장 크다고 하겠습니다. 특히 수업에서 독창적인 사고나 행동을 자극하는 수업을 진행하여 확산적 사고를 고무시켜야 합니다. 다양한 영역에서 개개인이 지니고 있는 잠재적 성향을 발현하도록 개성교육이 필요합니다.

이어 학교에서 교사의 통제가 창의성을 일깨우는 데 가장 방해

요소입니다. 자유와 개방을 허용하는 분위기에서 긍정적인 인간관계를 맺도록 도와주어야 합니다.

다음으로는 개인적인 창의적 표현을 존중해 주어야 합니다. 농구나 높이뛰기 등 운동경기에서 유일한 최선의 방법이나 자세가 있다고 믿어 왔다면 크게 잘못된 생각입니다. 훌륭한 체육 특기자는 개인의 체격과 체력, 심리적 의지를 고려하고 그에 알맞은 맞춤식 지도 훈련 방법과 과학적인 트레이닝을 통하여 얼마든지 기록을 갱신한다는 연구 결과가 있는 것처럼 획일화한 표현은 창의성을 저해합니다. 개인적인 독창적인 표현을 존중해 주어야 합니다.

창의성을 일깨우고 독특하고 창의적인 성격을 증진시킵니다. 창의적인 사고가 인지적 능력의 한 측면이긴 하지만 그것이 개인의 성격과도 상당히 밀접한 관련이 있다는 것은 분명합니다. 창의적인 성격을 가진 사람은 그렇지 않은 사람에 비해 독립적이며, 호기심이 많고, 비습관적이며, 감수성이 뛰어나고, 자기만족이 강한 사람입니다. 교사는 학생들이 하는 일에 이러한 특성에 맞추어서 용인해 줄 수 있는 역량이 필요합니다. 창의적인 사람은 전통에 대해 더 많은 의문을 제기하고, 다른 사람이 자기를 어떻게 보는가 하는 문제에는 별로 관심을 가지지 않습니다. 이런 창의적인 학생이 학교에서 만족을 얻을 수 있도록 교사는 보다 많은 다양한 행동을 받아들이며, 나아가서 그러한 행동들을 조성해 줄 수 있어야 합니다.

본디 교육은 의도적이고 반복적이며 교육을 통해 행동의 변화가 이루어지기를 기대합니다. 따라서 창의성을 계발하고 키우기 위한 유인 효과를 높이 높여주어야 합니다. 즉, 위에서 소개한 것처럼 새로운 사고나 경험에 대한 개방성을 조성해 주고 도전성이며 자율성을 확보해 주고 자신감을 갖도록 지원해 주며 어려운 문제 상황을 인내하며 해결하도록 끈기를 갖게 하는 성향을 함양하도록 지도해야 합니다. 그리고 가정에서는 가족의 자유와 개방성을 존중하며 구성원의 개성을 존중하는 가족 환경을 마련해 주는 일부터 시작합니다. 한편 창의성이 존중되며 창의성이 미래를 개척하는 원동력이자 국력의 기초 자원으로 자리매김 되는 국가 사회의 분위기가 조성될 때 창의성이 계발됩니다.

예컨대 재능은 타고나지만, 창의성은 저절로 태어나는 것이 아니고 죽순처럼 우뚝 솟아나는 것도 아니며 노력해 만들어 가는 것입니다. 창의성 계발의 몫은 가정에서 학습지도에 열성을 다하는 부모, 학교에서의 교육 방향과 선생님의 지도력, 정부에서 국가 경쟁력 차원에서의 창의성 계발 교육의 지원책이 실천되어야 합니다.

3장

질문이
있는
교실에서
생각이
자란다

"왜?"는 학생들이 자신의 수업에 집중하고,
미처 생각하지 못한 부분을 찾기 위한 질문입니다.
그 질문을 던져 '네 생각과 내 생각'을 교류하여
자기 학습력의 완성도를 높여 가는 일입니다.
"왜?"는 부족해서 던지는 질문이 아니고
수준 높은 생각을 창출하게 하는 질문입니다.

정답을 말하는 학생보다는
질문하는 학생이 더 창의적이다

필자가 2014년 2월까지 재직했던 광주광역시 문산초등학교 병설유치원에서 있었던 일입니다. 한 원아가 유치원의 복도에 비치한 빨간색 소화기통을 터트려 소화기 분말 가루가 복도를 뒤덮게 되어 선생님들께서는 이를 치우느라 혼쭐이 났다는 이야기를 들었습니다. 당시 5세였던 이동연 원아(당시 문산초등학교 김세미 연구부장의 첫째 아이)가 그런 일을 저지른 것이었습니다. 담임 선생님께서 왜 터트렸느냐고 묻자, 동연 군은 소화기 통에 무엇이 들어있는지 궁금해서 그랬다고 합니다. 담임 선생님께서는 평소 복도에 비치된 빨간 소화기는 위험하니 건들지 말라고 타이르기만 했을 뿐, 이 소화기통은 무엇이 들어있고, 건드리면 왜 위험하며, 복도에 항상 비치해 두어야 하는지를 일러주지 않았다고 합니다. 이 소화기 분말 가루 사건은 미리 예견된 일로서 누구보다도 호기심이 많았던 동연 군은 궁금한 나머지 큰일을 저지르고 말았던 것입니다.

동연 군은 자기의 궁금증에 답을 얻고자 스스로 소화기통을 터트린 것입니다. 2017년 2월 현재 광주문산초등학교 2학년으로 재학하고 있는 동연 군은 담임 선생님(1학년 담임 서현정, 2학년 담임 김자옥 선생님)께 질문을 자주 던져 좋은 응답을 위한 곤욕을 치르는 경우가 많다고 합니다. 동연 군이 던지는 질문의 요지에 담임 선생님께서 깊은 생각을 하거나 자료를 찾아서 정리된 응답을 해야만 하는 질문을 자주 해오고, 담임의 응답이 동연 군의 욕구에 미치지 못하면 재질문을 해오며, 때로는 학년 수준을 벗어나 황당한 질문도 서슴지 않는다고 합니다.

필자도 당시 동연 군 대하기를 호기심과 궁금증이 많은 남다른 애로 생각하곤 했습니다. 당시 학교장이자 겸임 원장 자격으로 수업을 참관하거나 놀이 시간에 살폈던 동연 군은 공부에 집중했고 자기주도적으로 학습에 몰입하기도 하였으며 질문을 자주하여 담임 선생님을 곤욕스럽게 하는 경우도 잦는 등 행동 성향이 달랐습니다. 반면 자율시간에는 그야말로 자유분방한 유희활동을 즐기곤 했습니다. 앞으로 동연 군을 담임한 선생님들께서 동연 군의 호기심과 궁금증에 호응해 주고 부모님이 동연 군의 남다른 사고력에 확산적 사고를 발산할 수 있도록 적절히 대응해 준다면 기대에 찬 어른으로 성장하리라 기대합니다.

공부에 왕도(王道)가 없다고 하지만, 그래도 공부 잘하는 학생은 뭔가 특별한 비법이 있지 않을까? 하고 생각하시는 부모님들이 많습니다. 주변에 공부를 잘하는 학생이 있을 경우에는 더욱 그런 생각을 갖게 마련입니다. 다소 오래된 자료이지만 한국교육개발원 (2000년 12월부터 1년간) 전국 중·고교생 3,467명을 대상으로 연구한 결과를 제시해 봅니다. 공부 잘하는 학생 상위 20%의 남다른 특징은 '평소 학교수업에 열중하고, 숙제를 꼬박꼬박하며 예습과 복습을 철저히 한다. 그리고 수업시간에 질문을 많이 한다'는 것입니다. 앞의 세 가지 사항은 자기주도적 학습력이고 질문은 호기심이며 탐구심입니다. 결국 공부를 잘하는 학생은 자기주도적 학습력이 뛰어나고 궁금증은 질문을 통해 해결하고자 하는 남다른 특징이 있음을 보여주고 있습니다. 다음 이야기는 한국 학생들의 학습행태를 잘 지적해 주고 있습니다.

"한국 학생들은 질문을 하지 않습니다. 호기심을 갖고 권위에 도전하는 문화를 만드는 게 중요합니다." 2004년 노벨 화학상 수상자인 이스라엘의 아론 치에하노베르(Aaron Ciechanover) 교수의 말입니다. 그는 "한국사회가 갖고 있는 호기심을 억누르고 권위에 대한 도전을 꺼리는 문화가 창의성을 저해한다"고 지적했습니다. 그러면서 한국의 기술 수준과 인구 규모를 생각하면 노벨 과학상 수상자가 10명은 나와야 한다고 말합니다. 이웃 일본만 해도 최근에 과학 분야 노벨상 수상자만 20명에 달하고 인구 780만 명에 불과한 이스라엘의 노벨상 수상자도 10명인데, 이에 비하면 우리나라는 부끄럽다고 해야 할까요?

치에하노베르 교수는 "학생들에게 정답을 주는 교육이 아닌 질문을 던져 상상과 고민을 하도록 만들어야 하며 호기심을 자극하고 장려하는 문화를 위해 해결책을 교육에서 찾아야 한다"고 역설했습니다. 학생들이 정답을 빨리 말해주길 바라는 우리나라 부모들과 교사들이 새겨들어야 할 충고입니다.

정답을 빨리 요구하는 원인은 공부하는 방법과 깊이가 퀴즈풀이식 공부에 관심을 갖기 때문입니다. 시험문제 유형이 선택형 또는 객관식이 주를 이루다 보니 퀴즈문제 형식으로 나올 만한 단편적인 사실들을 두루두루 섭렵하는 방식에 익숙해 있기 때문입니다. 이렇게 공부한 학생들은 모르는 게 없는 아주 공부를 많이 한 것처럼 보입니다. 결국 똑똑한 바보를 양산하는 방법입니다.

이와 대비되는 방법은 탐구 또는 문제해결식 공부입니다. 이것은 넓은 분야를 섭렵하는 것보다는 관심 있는 한 학습과제를 선정하고 해결하는 과정에서 다양한 자료를 분석하고 해석하여 원리나 원칙을 발견하는 공부방법입니다. 이러한 방식으로 공부한 학생은 어떤 사실에 관하여 '왜'라는 의문을 가지고 접근하며 그 해답을 밝힐 때까지 몰두합니다. 이렇게 하는 공부가 자기주도적 공부이며 문제해결식 공부로 창의성을 키우게 됩니다.

앞의 퀴즈풀이식 공부는 남에게 배운 지식이며 자기 것이 아닌 남의 것을 외우고 있을 뿐입니다. 이런 지식은 쓸모없는 지식으로 변합니다. 그러나 후자의 공부 방식으로 얻는 지식은 자기가 소화한 지식으로서 또 다른 '왜'에 의문을 갖게 되어 응용할 수 있는 힘

있는 지식이며, 그 지식이 한 차원 높은 지식을 창출해 내는 고등 사고력입니다. 바로 이 힘이 창의력입니다.

2006년부터 지금까지(2016년 현재) 한국외국어대학에서 강의하고 있는 네덜란드인 더빗은 그의 거울에 비친 한국 학생들의 모습을 이야기했습니다. 대학에서 강의할 때 네덜란드 시인의 시를 해석하라는 시험문제를 출제하고 각자의 느낌과 경험을 반영해 풍부한 해석을 한 학생들한테는 모두 좋은 점수를 줬다고 합니다. 그랬더니 학생들이 '정답'을 자꾸 물어보더랍니다. 그래서 그는 하나의 정답만을 가르치는 게 한국의 교육방식인가 했다고 합니다. 틀림없는 지적입니다. 그리고 하나 더 지적을 했습니다.

더빗은 우리나라에 '협상의 문화'가 없다는 것을 네덜란드와 가장 큰 차이로 꼽는 지적이었습니다. 네덜란드에서는 사회문제를 다양한 이해 집단이 양보하고 협력해 풀어내며, 대학 등록금을 올리는데도 이해 당사자인 학생들과의 의사결정 과정을 거쳐 결정하는 등 학생의 발언권이 상당히 중요하다고 했습니다.

협상은 훌륭한 대안을 마련하기 위하여 이해 당사자들이 서로 묻고 답하는 토론과 의사결정 절차를 전제로 합니다. 상대에게 결과를 알리고 정답을 통보하는 의사결정이 아니고 가장 최선의 대안을 찾는 협상에 의한 의사결정을 존중해야 합니다. 협상은 질문으로부터 이루어집니다. 학생들의 심상력을 유발하고 감수성과 탐구하는 힘을 키울 수 있는 것은 학생들 스스로 고민하고 찾을 수 있게 도와주는 창의적인 질문들입니다. 그런 질문을 던지려면 가르치는 내가 먼저 창의적이어야 함은 말할 것도 없습니다.

질문은 정답을 알고 있을 때 이루어지지 않습니다. 질문이 있는 환경은 문제에 대한 불확실한 답을 찾거나 탐구하여 밝혀야 하며 궁금증이 유발할 때라야 가능합니다. 정답을 찾는 질문은 단순 지식의 재생산에 지나지 않아 보다 질 높은 지식창출은 불가능합니다. 교사의 발문에 궁금증을 추구하고자 질문을 던지는 학생이 정답을 말하는 학생보다 우수하며 창의적입니다. 창의적이기 때문에 의문이 발산되어 질문을 던지고 질문을 즐기면서 공부합니다.

질문이 있는 교실은
생각이 소통하는 마당이다

　　외국과 달리 토론문화가 형성되지 않은 우리의 교실은 주로 교사가 말(가르치고)을 하고 학생들은 묵묵히 듣는 경향이 강합니다. 그러다 보니 교사와 학생 모두 수업을 통해 달성하고자 하는 목표가 제대로 되었는지를 확인하기 어렵습니다. 따라서 가르치고 배우는 교실에서 빈번한 질문이나 상호 의견교환이 있는 경우는 이해(앎)의 과정에서 상대가 제대로 이해했는지, 내가 잘못 알고 있는 것은 무엇이며, 나보다 더 나은 생각은 무엇이며, 왜 그러는지를 확인할 수 있어서 매우 필요합니다. 대화 없는 일방적인 전달은 경우에 따라서는 잘못된 오류 지식, 그리고 쓸모없는 지식을 오래도록 지속시키기를 강요할 뿐입니다.

　　학생과 학생, 교사와 학생 간에 이루어지는 토론과 질문과 응답 과정의 상호작용은 비단 지적 학습상황뿐 아니라 학생의 정의적 측면의 성장에 있어서도 만찬가지입니다. 교수-학습에 관한 연구들에 의하면 학습자에 대한 교사의 기대가 교사 자신의 행동 특성을 결정하고 결과적으로 학생들에게 큰 영향을 미치게 된다는 것입니다. 즉, 토론과 질문으로 이루어지는 상호작용이 있는 경우는 교사가 학생들에 대해 긍정적으로 생각하고 잘할 수 있다는 레포가 형성되고 자신감을 갖도록 학생의 행동을 고무하게 되어 학생에게도 긍정적인 변화가 야기된다는 것입니다. 반면, 토론과 질문과 응답과정의 상호작용이 없고 교수행위가 일방적일 경우에는 교사가 학생에 대한 부정적인 생각과 행동을 갖게 되어 학생을 학습으로부터 좌절시키는 요인이 되고 학생에게 나쁜 결과가 나타난다는 것입니다. 피그말리온 효과(자기 충족적 예언)의 측면에서 보더라도 교사와 학생의 긍정적인 상호작용은 매우 중요하다고 하겠습니다.

수학자인 이광연(시네마 수학 저자)은 '생각'을 "한국인이 제일 지겨워하는 교과목은 수학 교과인데, 그 이유는 수학에 재미 붙일 시간도 주지 않고 빨리 질리게 하는 교육방식 탓이라고 했다. 사고의 확장과 토론, 상호작용을 통한 논리적 표현을 기르기 위한 수학의 근본적인 목적은 외면한 채, 그저 정답만 가르치기 때문이라고 했다. 사실 수학은 정답의 학문이 아니라 그 답을 찾아가는 이유를 밝히는 학문이다. '어떻게(How)'가 아니고 '왜(Why)'를 묻고 생각하는 과정이다."라고 했습니다.

그렇기 때문에 수업에서는 어떤 문제나 상황에 맞닥트렸을 때 그것을 제대로 생각하는 방법에 대해 알려주어야 합니다. 그 과정은 물론 길고 지루할 수 있습니다. 하지만 빠른 결과, 찍어낸 듯한 답을 찾는 것은 '생각'이 아닙니다. 질문에 답을 얻는 것보다 '왜'라고 묻고 '과정'을 해명하는 것이야말로 '생각'의 본질입니다. 자극에 반응하는 '지각'이나 단순히 재생하는 '기억'의 활동만으로는 충분하지 않습니다. 어떻게 이해하고 또 행동해야 할 것인가를 판단하는 것까지 그 긴 과정을 책임져야 비로소 '생각('왜'라고 묻고 '과정'을 밝힘)'이라고 '생각'을 정의하고 있습니다.

'왜'라고 묻고 '과정'을 밝히는 '생각'에 대한 정의에 대하여 노벨물리학상을 수상한 아인슈타인이 먼저 밝혔습니다. 아인슈타인은 "왜(Why)를 당신이 가장 좋아하는 낱말로 삼으십시오(Make why your favorite word)."라고 했습니다. 항상 궁금증을 즐기면서 질문을 많이 하는 일이 확산적인 사고인 창의력을 키우는 첩경이기 때문일 것입니다. 이젠 우리나라도 '왜'를 중시한 질문이 있는 교실수업으로 바뀌어야 합니다.

늦었지만 '왜'를 중시한 질문이 있는 교실의 조건을 밝혀봅니다.

지금까지 한국교육은 학력 상의 동질집단으로 반편성을 고르게 하여 집단원이 똑같은 학력의 소유자로 간주하고 동일한 내용으로 동일한 시간에 동일한 장소에서 이루어지는 교육이 많이 차지합니다. 예컨대 똑같은 동질성 교육을 열심히 수행하고 있습니다.

세계적인 미래학자 앨빈 토플러는 '어떻게 교육혁명을 이룰 것인가?'라는 명제에 대한 답을 다음과 같이 역설하고 있습니다. "교육을 통해 혁신성과 창조성을 키워주어야 합니다. 미래 경제는 새로운 아이디어를 내놓을 혁신가가 주도할 것이기 때문에, 학생 저마다의 개성에 맞는 개성교육을 강조하여 동질성 교육이 아닌 개인 차를 고려한 이질성을 강조하는 교육이어야 한다"고 주장합니다.

이질성 교육에 대한 방법적인 해답은 최소한 해결해야 할 학습과제에 대한 정답을 알려주는 지식주입식 일변도의 교육방법을 탈피하자는 이야기입니다. 해결해야 할 학습과제는 질문이 담겨 있습니다. 이 질문이 바로 '왜'입니다. 이 '왜'에 초점을 두고, 이를 해결하기 위한 '의사소통'이 있어야 하며, 의사소통은 혼자서는 할 수 없기에 서로 다른 생각을 갖는 개개인이 협력하여 이루어지는 '협동학습'을 '허용적인 탐구교실'에서 '학습자 중심'으로 이루어져야 합니다. 그래서 질문이 있는 교실은 '왜', '의사소통', '서로 다른 생각', '협동학습', '허용적인 탐구교실', '학습자 중심' 등 여섯 가지 속성이 '질문이 있는 교실'을 만드는 필요충분조건입니다.

질문이 있는 교실은 답을 알려주는 교사주도 수업이 아니고, '왜'를 추구하기 위하여 생각을 소통하는 학습자가 중심이 된 교실을 일컫습니다. 이때 교사는 교실의 주인이 아니고 학습자가 생각을 방출할 수 있도록 도와주는 마지막 출석 번호인 키가 큰 학생으로서 그저 자리매김해야 합니다. 질문이 있는 교실에서 이루어지는 교수(教授)와 학습(學習)의 일체의 행위를 수업(授業)이라고 한다면 교사는 수업의 키가 잘 움직이도록 가끔씩 윤활유를 붓는 역할에 지나지 않는 조력자일 뿐입니다.

그런데 '질문이 있는 교실'이 추구하는 궁극적인 이상은 창의성을 키우는 데 있습니다. 창의성은 학교교육이 추구하는 가장 핵심의 위치에 있으며, 학교교육의 방향이기도 합니다. 그러기에 창의성 교육은 응당 질문이 있는 교실에서 이루어짐이 마땅합니다. 오늘날 우리가 사용하는 모든 물건과 지식들은 발명품들입니다. 발명품은 '왜'로부터 출발하였습니다. '왜'가 없었다면 지금도 문화와 문명이 뒤떨어진 원시사회 수준에 머무를 것입니다. 옛날 원시인들은 수렵하고 채집한 식량을 날것으로 먹었습니다. 그 이후로 점차 두뇌의 발달로 불을 발명하여 음식을 익혀 먹게 되었으며, 식량의 종류에 따라 옹기나 일정한 형태의 그릇에 담아 익혀 먹기도 했습니다. 이러한 변화가 꾸준히 이루어져 오늘날에는 전기밥솥이 생겨나게 되었고, 알곡의 종류에 따라 찰진밥, 현미밥, 잡곡밥을 지을 수 있도록 첨단화되었습니다. 이러한 발전은 '왜'에 대한 답을 찾기 위하여 서로 다른 생각을 가진 사람들이 생각을 주고받는 일을 꾸준히 해왔기 때문에 가능했습니다.

생각이 모두 같으면 어느 수준에 머물러 발전이 없습니다. 그러나 서로의 생각 깊이와 생각의 양이 다르기에 보다 진보한 생각들이 발전하여 더 고차적인 생각을 하게 됩니다. 고차적인 생각을 하기까지는 혼자의 힘으로는 절대 불가능합니다. 최소한 두 사람 이상이 서로 다른 생각을 견주는 교실에서 의사소통을 매개로 협동학습이 이루어지기 때문입니다. 그런데 서로 다른 생각을 지닌 학생들로 이루어진 협동학습은 과제에 대한 오답도 용인해 주는 허용적인 분위기이어야 합니다. 만약에 오답을 했다고 선생님이 채찍을 한다면 어떨까요? '왜'는 없고 침묵만 기다릴 뿐입니다.

월드컵 4강에 올려놓은 한국 대표팀의 외국인 축구감독 히딩크는 "난 선수들은 칭찬하지만 비난은 하지 않습니다. 매사를 부정적으로 생각하면 우리는 이길 수 없습니다. 열등의식을 가지면 이미 첫 게임부터 진 거나 다름없습니다. 그러나 할 수 있다고 믿으면 우리는 월드컵에서 반드시 좋은 성과를 이룰 것입니다."라고 긍정적인 사고와 허용적인 분위기를 조성하는 데 소홀하지 않았습니다.

이제 '질문이 있는 교실은 생각이 소통하는 마당이다'의 해답이 밝혀졌습니다. 생각이 소통하는 교실은 학습자가 주인이 되며 교사는 '왜'에 답을 좇는 학습자에게 충실한 조력자와 격려자의 역할에 충실해야 합니다. 그리고 학생들은 학습의 주인이 되어 자신의 수업에 집중하고, 미처 생각하지 못한 부분 '왜'를 찾기 위해 질문을 던져 '네 생각과 내 생각'을 교류하여 자기 학습력의 완성도를 높여 가는 일입니다.

'왜'는 부족해서 던지는 질문이 아니고 '왜'라고 묻고 왜에 대한 '과정'을 밝혀 수준 높은 '생각'을 창출하는 일입니다.

논어는 제자의 질문과
공자의 응답으로 이루어졌다

논어를 분석해 보면 공자의 근본사상이 잘 나타나 있습니다. 그중 근본사상을 가르치는 방법론에 특징이 있습니다. 우선 논어의 대부분은 제자로부터 가르침을 바라는 질문으로부터 출발점으로 하여 이루어지고 있고, 그다음은 근본사상에 대한 공자의 가르침을 제자들 개개인의 개성이라든가 선수학습(先修學習)의 수준에 맞추어 지극히 간결하면서도 분명한 말로서 깨우쳐 주는 형식을 취하고 있습니다.

공자는 제자들로부터의 질문에 대하여, 적절한 응답을 주기 위해서는 우선 제자 한 사람 한 사람을 정확히 관찰하는 일로부터 시작했습니다. 그렇게 하는 일은 훌륭한 교육을 하기 위해 무엇보다 중요한 일이며, 공자는 제자 각 개인의 개성을 신중히 파악하는 일에 노력하였습니다.

공자는 우선 제자들을 허용적인 분위기 속에서 솔직하게 속마음을 털어놓을 수 있게 만들었습니다. 이 경우 제자들을 마음껏 이야기할 수 있도록 지속적으로 미소로써 귀를 기울여 주었습니다. 그러면서도 한 사람, 한 사람의 개성을 예리한 눈초리로 관찰하면서 그 장단점을 탐색해 나갔습니다. 이와 같은 일들은 공자가 제자 한 사람, 한 사람의 인품이라든가 개성을 깊이 파악하기 위해서 하는 일이었습니다. 공자의 이와 같은 교육방법은 오늘날의 적성검사와 다를 바 없습니다.

또한 공자는 제자들의 선수학습과정에 대해서도 매우 중요시하여 사람을 가르치는 데는 제자들의 능력이라든가 선수학습 정도에 따라서 이루어질 것을 강조하였습니다. 즉, '중' 이상의 수준인 제자에게는 '상' 수준의 이야기를 해도 좋지만, '중' 이하의 수준인 사람에게는 '상' 수준의 이야기를 해서는 안 된다고 했습니다.

다음은 공자가 제자들로부터의 질문에 대하여, 적절한 응답을 주는 사례입니다.

자장: 선비로서 어떻게 해야 통달했다 말할 수 있습니까?

공자: 네가 말하는 통달이란 무엇을 뜻하는 것이냐?

자장: 나라에서도 이름이 알려지고 집에서도 이름이 알려지는 것입니다.

공자: 그것은 명망을 말하는 것이지 통달한 것이 아니다. 원래 통달한다는 것을 말하자면, 질박하고 정직하여 도의를 애호하며, 남의 말을 자세히 듣고 그 표정을 관찰하며, 스스로

생각하고 조심하여 남에게 겸허한 태도를 취하는 것을 말한다. 그렇게 한다면 그 사람은 자연 나라에서도 통달하게 되고 집에서도 통달하게 되는 것이다.

이것은 제자들로부터 질문에 대한 진의와 생각의 방향이라든가 수준을 분명히 살펴서, 그에 알맞은 가르침을 주고 있는 모습을 보여주는 것입니다.

다음은 사람의 됨됨이를 보아 알맞은 가르침을 준다는 공자의 인재시교(因材施教)의 교육 방법론을 소개합니다. 공자는 응당 제자들 개개인의 개성 파악이 이루어지면 그에 따라 알맞은 가르침을 주었습니다.

자로: 선한 말을 들으면 곧 실행해도 좋습니까?
공자: 위로 부형이 있으니, 어찌 들은 대로 곧 실행하겠느냐?
염유: 선한 말을 들으면 곧 실행해도 좋습니까?
공자: 들은 대로 실행할 일이다.
공서화: 자로와 염유가 "들은 대로 실행해도 좋습니까?" 라고
　　　　물었을 때에는 선생님께서는 각각 자로의 응답에 "부형
　　　　이 생존해 계시다"고 말씀하시고 염유의 응답에 "들은
　　　　대로 실행하시라" 하시니, 저(공서화)는 어리둥절하여 감

히 여쭙니다.

공자: 자로는 항상 겸양하여 물러나므로 앞으로 나아가게 한 것
　　　이요, 염유는 항상 남을 이기려고 나아가므로 물러서게 한
　　　것이다.

이와 같이 동일한 질문 내용이라 하더라도, 공자는 질문자가 다르면 각자 다른 가르침을 주었습니다.

다음은 효에 대하여 공자와 네 제자와의 문답 과정을 살펴봅시다.

　　　맹의자: 효에 대하여 가르쳐 주십시오.
　　　공자: 어기지 않도록 하라. 부모의 생전에는 예를 다 모시고, 돌아
　　　　　가시면 예로써 장사지내며, 제사 지낼 때에는 예를 다하는
　　　　　것이다.
　　　맹무백: 효에 대하여 가르쳐 주십시오.
　　　공자: 부모는 오직 자식이 병 있을까 근심할 뿐이다.
　　　자유: 효에 대하여 가르쳐 주십시오.
　　　공자: 요즈음에는 효도라는 것이 부모를 잘 봉양하는 것을 이르
　　　　　는 모양이다. 개나 말도 사람에 의해서 길러지는 것이니 부
　　　　　모를 봉양함에 있어서 공경하는 마음이 없다면 개나 말을
　　　　　기르는 것과 무엇이 다를 바 있겠는가?

지하: 효에 대하여 가르쳐 주십시오.

공자: 부모의 뜻을 받들어 어느 때나 좋은 날 빛으로 섬기기가
　　　어렵다. 일이 있으면 자네들이 그 노역을 맡고 술과 음식이
　　　있으면 먼저 어른에게 올리는데, 이것만으로 어찌 효라고
　　　하겠는가?

이처럼 질문이 같은 내용일지라도 공자는 제자들의 특성에 따라
다르게 가르침을 주었습니다. 이를테면 맹의자는 평소 예절이 바
르지 못하고 맹무백은 허약한 몸 상태였으며, 자유는 평소 부모에
대하여 공경심이 부족했기에 각기 제자의 성향에 따른 적합한 응
답을 주었습니다.

이렇듯, 공자는 그의 제자 한 사람 한 사람의 개성을 파악하여,
그에 적절한 가르침을 주었고 그 문답의 과정에서 상호 존경과 신
뢰의 분위기 속에서의 화목한 대화의 모습을 짐작할 수 있습니다.
오늘날의 눈높이 교육, 맞춤식 교육, 특기적성교육과 다를 바 없는
교육방법이었음을 파악할 수 있습니다.

　논어의 '옹치' "……옹의 말이 옳다(雍之言然 옹지언연)"고 한
것이라든가, 논어의 '양화편'에 "제군들, 언의 말이 옳다. 조금
전의 말이 농담일 뿐이다.(二三子 이삼자, 偃之言是也 언지언시야, 前言戲之
耳 전언희지이)" 라고 기술되어 있습니다.

출처: 박병학의 『발문법원론』

이처럼 공자는 제자들이 그의 의견을 승복하지 않을 경우라도 결코 꾸중하는 법이 없이, 오히려 제자를 칭찬하면서 제자의 경우가 옳고 자기가 틀렸음을 솔직하게 인정하였습니다. 제자와 평등한 관계 속에서 라포(rapport)를 형성하면서 제자들의 오류개념도 수용하는 등 공자의 교육작용은 제자로부터의 질문에 대하여 공자의 응답형식으로 이루어진 토론학습입니다. 공급자인 교사주도가 아닌 수요자가 학습의 중심이 되고 학습자 중심의 눈높이 가르침이었습니다.

학생들 면전에서 교사의 권위를 내세우면서 학생의 입장에서 문제해결의 초점을 두지 않고 교사의 입장에서 문제해결에 접근한다면 교사주도의 일방통행식 수업에 지나지 않습니다. 이럴 경우 학생이 학습에 의욕을 잃어 뺄셈식 학습의 효과를 거두기 마련입니다. 모두가 참여하는 토론학습은 학습자의 사고를 유발하면서 학습자의 문제해결 능력에 맞출 수 있어서 곱셈식 학습효과를 가져옵니다.

공자도 발문하고
집단토론을 중시했다

토론은 논리적으로 의견을 교환하는 것입니다. 자신의 주장을 상대방이 알아들을 수 있도록 전개하고 타인의 논리에는 공감대를 형성해 나가는 과정입니다.

다음은 공감대를 형성해 가는 공자와 제자와의 토론 사례입니다. 공자의 문답 과정은 주로 제자로부터의 질문에 의하여 응답을 주는 흐름으로 되어 있는데, 때로는 그 자신이 먼저 가르침을 준다든가, 혹은 공자가 먼저 발문을 던져 제자들의 생각을 들어보는 경우도 있었습니다. 이 경우는 집단토론으로 유도했습니다.

> 공자: 유(由)야, 네게 안다는 것이 무엇인가를 가르쳐 주겠다. 아
> 는 것을 안다 하고 모르는 것을 모른다고 하는 것, 이것이
> 아는 것이다.
> 공자: 자공(子貢)아, 너와 회(回)는 누가 나으냐?

이 경우는 제자로부터의 질문이 없는 경우에도, 공자가 직접 가

르침을 주는 경우입니다.

어느 날 자로와 증석, 염유, 공서화가 스승을 모시고 앉는 자리에서 스승께 말했습니다.

공자: 내가 너희들보다 나이가 좀 위지만, 어려워 말고 말하여라. 너
　　　희들은 평소에 남이 알아주지 않음을 한탄했는데, 만일 알아
　　　주는 사람이 있어 등용된다면 너희들은 어찌하겠느냐?

자로: 어떤 제후국이 큰 나라 사이에 끼어 병란의 위협을 받을 뿐
　　　만 아니라, 이로 인하여 백성들이 굶주리고 있을 때, 제가
　　　그 나라를 맡게 된다면, 3년이 못되어 백성들로 하여금 용
　　　기와 긍지를 갖게 하고, 올바르게 살아갈 길을 알도록 하겠
　　　습니다.

공자: 염유야, 너는 어찌하겠느냐?

염유: 사방 육칠십 리나 오륙십 리 되는 작은 나라를 구가 맡게
　　　된다면 3년이 못되어 백성들의 살림을 풍족하게 만들겠습
　　　니다. 다만 예약과 같은 것은 전공을 못했으니 재적이 있는
　　　군자를 기다리겠습니다.

공자: 공서화야, 너는 어찌하겠느냐?

공서화: 감히 한다고 말할 수는 없으나, 배우기를 원할 뿐입니다.
　　　　종묘의 제사 때나 두 나라 군주가 회견하는 자리에서 조

복을 단정히 입고, 그 자리를 거드는 심부름꾼이 되고 싶습니다.

공자: 증석아, 너는 어찌하겠느냐?

증석: (비파를 뜯다가 댕! 소리를 내면서 비파를 놓더니 일어나서 말했다.) 저는 세 사람의 재능과는 다릅니다.

공자: 모두 자기의 뜻을 말할 뿐이다.

공자: (길게 한숨을 내쉬며) 나도 증석과 같이 하고 싶다.

증석: (세 제자가 나가고 혼자 남아서) 저 세 사람 말이 어떻습니까?

공자: 각기 제 뜻을 말했을 뿐이다.

증석: 선생님께서는 자로의 말을 들으시고 왜 웃으셨습니까?

공자: 나라를 다스림에는 예(禮)로써 근본을 삼아야 하는데, 그의 말에는 겸양하는 빛이 없으니 그래서 웃었다.

증석: 염유 말은 나라를 다스린다는 말이겠지요?

공자: 자기는 겸양했을 뿐이지, 사방 육칠십 리나 오륙십 리라고 해서 나라가 아니라고 할 수 있겠는가?

증석: 공서화도 나라를 다스린다는 말이겠지요?

공자: 종묘의 제사를 받들고 제후들의 회견에 참여하는 것이 어찌 나랏일이 아니겠느냐. 그가 심부름꾼을 한다면 누가 주빈으로 큰 역할을 하겠느냐?

출처: 박병학의 『발문법원론』

지금까지의 예화는 오늘날의 집단토론에서 '학생-학생', '교사-학생', '학생-교사-학생' 형태의 활발한 토론이 아니었을지라도 교사가 발문하고 학생이 응답하는 다소 단순 형태이지만 교육적 분위기는 상호 존경과 신뢰를 바탕으로 하는 허용적이고도 탐구적인 분위기에서 이루어졌습니다. 당시 공자의 교육방법은 교사주도의 일방통행적인 가르침은 분명히 아니었고 오늘날에 적용되는 교사와 학생 간의 쌍방향 소통방법입니다. 그런데 위의 사례로 제시한 소통방법은 스승과 네 제자와의 일문다답으로 이루어지는 다방향 소통방법의 형태를 취하고 있습니다.

소크라테스는
조산술로써의 발문론을 주장했다

조산술(助産術)**이란** 출산에 있어서 조력을 해
주는 조산술의 기술이 그러하듯이 자기 자신이 진리를 출산하는
것은 아니지만 학생들을 도와서 진리를 스스로 출산해 내도록 한
다는 논지입니다. 크라프키(W. Klafki)가 주장하고 있는 '방법의 논
리'에 의해서 이루어지는 작용이어야 하는 것입니다. 이것은 '매개
적 지도기술'이라고 불리고 있는데 '교사(가르치는 사람)가 주체가 되
어 적극적인 교육작용에 의해 학습자(배우는 사람)가 학습주체로서
의 적극적인 학습활동을 촉구하고 발전시켜 나가는 작용이어야 한
다'는 뜻입니다. 교사의 교육작용과 학습자의 학습활동은 어디까
지나 주체적 주체의 상호작용의 과정으로 보아야 하는데 그 중점
이 놓여 있는 것입니다.

여기서 상호작용이란 청소년들은 선천적으로 지혜라든가 덕을
구비하고 있으며 나아가 이것을 들추어내어 활용하고 또 재생산해
내는 자발적 능동적인 활동성까지도 구비하고 있다는 것입니다.
그렇지만 소크라테스는 그 같은 자발적 능동적인 활동성은 자연

상태로 방임해 두면 혼자로서는 그 같은 목적을 완전히 달성할 수 있는 것이 아닙니다. 다시 말하면 임산부가 결국에 가서는 자력에 의해 태내에 머물고 있는 영아를 분만하게 되는 것은 사실이지만, 거기에는 산파의 조력이 필요한 것과 마찬가지로 교육작용에 있어서도 학습자들의 심중에 내재되어 있는 지혜라든가 덕을 해산(산출)하는 데는 교사의 조력을 필요로 하는 것입니다.

이 같은 입장에서 소크라테스의 교육관의 근저에는 모든 것에 대한 인식이란 이미 알고 있는 것을 다시 상기해 내는 것에 불과한 것이라고 하는 소위 '혼의 상기설'에 의한 것입니다. 즉 우리의 영혼은 육체와 결합되어 하나의 인간으로 탄생되기 이전에, 영혼 그 자체로서 존재한다고 믿었습니다.

따라서 교육작용이란 이같이 내재되어 있는 것을 상기하여 출산토록 하는 작용에 불과한 것이라는 뜻에서 상기설이 나오게 된 것입니다. 이 같은 논지를 바탕으로 하여 교육작용의 기술로서 소크라테스가 활용한 방법이 바로 발문법입니다.

그는 수학에 대해 전혀 알지 못하는 노예 소년에게 그의 독특한 발문법을 사용하여 피타고라스의 정리를 발견해 내도록 했습니다. 즉, 그는 교사가 적절한 발문을 되풀이하는 것에 의해, 물론 이 경우에 교사는 학습자에게 아무런 지식을 수여하는 것은 아닙니다. 그러나 교사의 발문에 의해 그 학습자의 혼으로 하여금 그 발문 내용에 대한 올바른 음미가 이루어지도록 한다면, 거기에는 반드시 올바른 결론이 그 학습자의 내부로부터의 자발적인 활동을 통하여, 흡사 이전부터 잘 알고 있는 것을 상기해 내는 것처럼 알아내게 되는 것으로 생각한 것입니다. 이것이 바로 학습자의 입장에서 본다면 진리의 발견이요, 출산이라 할 수 있는 것입니다. 교사의 측면에서 본다면 단지 적절한 발문만을 던지는 것에 의해 학습자를 도전하게 하고 사고의 유발을 촉구함으로써, 학습자의 그 같은 출산활동을 도와주는 작용에 불과한 것입니다. 이것을 현대적인 용어로 말하자면, 아동은 무한의 발달 가능성을 지니고 있는 것이라 할 수 있고, 그것은 오직 교사의 발문에 의해 도전하게 하고 사고의 유발을 촉구해 나감으로써 개발해 갈 수 있다고 하는, 매개적 지도론을 의미하고 있는 것이라 할 수 있습니다.

이 같은 소크라테스의 일련의 생각에서 나온 교육작용의 기술이 바로 교사로부터의 발문론인 것이며, 그것은 교육에 있어서 교사의 적극적인 작용을 강조하고 있는 서양적인 사고방식의 원류가 되어 있음은 물론, 교수기술의 역사적인 원형인 문답론＝발문법입니다.

그런데 소크라테스의 조산술은 크게 두 가지 부분으로 나눌 수 있는데, 제1단계는 진통을 일으키는 단계, 제2단계는 출산에 있어서의 조력이라는 뜻에서의 조산단계입니다. 이 단계에서 중요한 시사점은 제1단계인 진통의 단계에서 조산술(발문기술)이 우수하면 제2단계인 조산단계(문제해결)는 쉽게 해결된다는 논지입니다.

학습에서 제2단계인 조산단계에 해당하는 학습과제가 쉽게 해결되기 위해서는 제1단계인 진통단계에서 모순이라든가 대립, 갈등을 매개로 하여 학습자들이 감동과 긴장을 지니고서 주체적으로 스스로 문제해결 인식을 발전시켜 나가는 극적 계기를 만드는 노력이 필요합니다.

예컨대 학습에서 최종적으로 문제해결을 목표로 하지만, 이 목표가 쉽게 이루어지기 위해서는 학습자들이 문제를 해결할 수 있는 방법적인 매개인 발문과 발문의 질에 달려있음을 일러주고 있습니다. 결국 산모가 출산과정에 있어서 조력을 해주는 조산술의 기술이 훌륭해야 산모가 진통을 줄이면서 출산이 가능하다는 것입니다.

출처: 박병학의 『발문법원론』에서 자료를 인용하여 재구성함.

루소의 『에밀』은
학습자로부터의 질문을 강조했다

루소는 그의 저서 『에밀』에서 학습자로부터의 질문과 교사로부터의 발문을 구체화한 책입니다. 『에밀』의 교육은 자연적 발달단계에 따라, 그들의 자연성을 무엇보다 중시하고 또 자유에 입각한 교육방법론인 것입니다. 『에밀』을 구체적으로 분석해 보는 일은 한정된 지면에서 어렵지만, 아동이 의식하지 못하는 방법으로, 교묘하게 설정한 학습장면을 매개로 하여 지도해 나가고 있음을 알 수 있습니다.

즉, 루소의 수업기술의 근저는 아동이 생활의 필요로부터 촉구되어 의욕적, 자발적으로 스스로의 노고를 극복해 나가도록 전개되어야 한다는 것입니다. 그렇다고 해서 그들의 호기심이라든가 필요감이 자연적으로 기다리고만 있는 것이 아닙니다. 그 같은 학습의욕이 솟아나도록 생활장면이라든가 학습장면을 계획적, 인위적, 기교적으로 설정하여, 그 같은 분위기 속에 아동을 끌어들입니다. 말하자면, 인위적으로 호기심을 불러일으키고, 필요감을 느끼도록 하는 교육장면이 일관되게 제시되고 있습니다.

이를테면 아동에게 결코 벌을 벌로서 주어서는 안 되는 것이며, 그 벌은 어디까지나 그들의 잘못된 행위로부터의 자연스러운 당연한 귀결로써 받아들여지도록 해야 하며, 거짓말을 했다고 해서 그것을 갖고 아동을 벌할 것이 아니라, 자유로운 가운데서 자연적 단련에 의해 터득해 나갈 것을 강조하고 있습니다.

루소는 올바른 행동을 갖도록 하는 행동수정 방안으로 다음과 같이 기대하고 있습니다. 만일 추운 겨울에 아동들이 동료들과 교실에서 장난을 치다가 유리창을 깨뜨리면 그에 상응하는 벌을 즉시 내리는 것이 아니고, 수업시간에 유리창을 깨뜨린 아동을 유리창 가까이에 앉혀서 추운 환경에서 수업을 듣게 하는 인위적인 경험을 제공하여 잘못된 행동을 스스로 깨닫고 수정하도록 합니다. 이러한 과정을 거쳐 아동은 교실에서는 장난을 치는 곳이 아니라, 공부하는 곳이라는 사실을 스스로 깨우치게 하는 것입니다.

즉, 유리창을 깨뜨린 아동을 추운 겨울에 그 유리창 가까이에 앉도록 하여 추위에 떨면서 공부하는 의문(질문)을 갖도록 합니다. 왜 내가 유리창 가까이에 앉아 있어야 하는지 말입니다. 이 질문에 대한 답을 직접적으로 제시하기보다는 아동 스스로 답을 구하도록 하는 자연스러운 방법입니다.

또 루소는 문자교육의 하나의 방법으로 "에밀에게 때때로 아버지, 어머니, 친척, 친구들로부터, 점심이라든가 산책 또는 뱃놀이 및 전시회 같은 데 같이 가자고 하는 초대장을 받게" 함으로써 필요에 따라 읽을거리를 읽을 수 있는 학습을 자연적으로 이루어지도록 유도하고 있는데, 이것도 은밀히 설정된 계획적, 인위적 학습장면에 의한 교육방법의 하나의 사례인 것입니다.

다음은 루소의 『에밀』 전편 가운데에서도 필요감을 중심으로 한 가장 대표적인 학습장면입니다. 이 이야기는 그들이 몬모란시의 북쪽에 있는 숲의 위치를 관측하고 있을 때, 에밀이 루소에게 "그것은 무엇에 필요해서 알려고 하는 것입니까?"라고 질문하는 장면으로부터 시작됩니다. 루소는 이에 대하여 "좋은 질문을 해 주었다. 그런데, 이것에 대해서는 좀 더 차분히 생각해 봐야 할 문제인 것 같구나. 혹 이것이 아무런 필요도 없는 것이라면 다시는 거론하지 않기로 하자. 우리가 알아야 할 필요가 있는 것이 이것만 있는 것이 아니니까"라고 말하여 이 문제에 대해서는 이 정도로 덮어 놓습니다. 그러나 다음 날 아침에는 다시 에밀을 데리고, 그 숲속으로 등산을 나가게 되는데, 이 두 사람은 여기에서 길을 잃게 되고, 시장기는 더욱 심해지고, 헤매면 헤맬수록 길은 더욱 미궁으로 빠져들게 되어 할 수 없이 그 자리에 주저앉아 여러 가지를 궁리하면서 대화가 시작됩니다.

루소 1: 자, 에밀 군, 여기서 빠져나가려면 어찌해야 한다는 말이냐?

에밀 1: (땀에 흠뻑 젖어 있으며, 눈물을 글썽거리면서) 나로서는 어떻게 해야 하는지 도저히 알 길이 없습니다. 아이고 몸은 피곤하고, 목은 마르며, 배가 고파 죽겠습니다.

루소 2: 나는 더 죽겠구나. 하지만 운다고 해서 밥이 나오는 것도 아닐 테니 울어서는 안 된다고 생각된다. 지금은 울고만 있을 때가 아니라고 생각한다. 지금 우리가 있는 장소가 어디에 위치하고 있는가를 알아내는 일이 보다 시급한 일이지 않겠니? 시계를 좀 들여다보려무나. 지금 몇 시쯤 되었지?

에밀 2: 예, 정오입니다. 이거 아침도 못 먹었는데…….

루소 3: 벌써 그렇게 되었니? 하지만 아침을 못 먹는 것도 나도 마찬가지 아니냐?

에밀 3: 예, 선생님께서도 퍽 배가 고프실 것입니다.

루소 4: 안 되겠구나! 점심밥이 우리를 찾아올 수는 없는 것이 아니겠니? 벌써 정오가 되었구나! 그런데 어제는 바로 이 시각에 우리들은 몬모란시에서 이 숲의 위치를 관측하고 있었지 않으냐? 응! 혹시 그와 똑같이 이제는 이 숲으로부터 몬모란시의 위치를 관측할 수가 있다면…….

에밀 4: 그렇습니다. 하지만 어제는 우리에게 숲이 바라보였지만, 여기에서 몬모란시는 바라보이지 않지 않습니까?

루소 5: 그것이 바로 곤란한 점이라 할 수 있겠구나. 혹시 몬모란시가 보이질 않더라도 몬모란시 위치만 알 수만 있다면…….

에밀 5: 참으로 그렇습니다. 그것만 알 수 있다면 되겠는데…….

루소 6: 내가 어제 이런 이야기를 하지 않았든가 몰라? 숲은…….

에밀 6: 예! 몬모란시의 북쪽이라고 말씀하신 것 같습니다.

루소 7: 그렇다면 몬모란시는 당연히…….

에밀 7: 숲의 남쪽입니다.

루소 8: 정오에 북쪽을 알 수 있는 방법이 있었으면 좋겠는데…….

에밀 8: 있습니다. 그림자의 방향으로 알 수 있습니다.

루소 9: 그렇다면 남쪽은?

에밀 9: 어떻게 하면 알 수 있을까요?

루소 10: 남쪽은 북쪽의 반대가 되지 않는가!

에밀 10: 참, 그렇습니다. 그림자의 반대 방향을 보면 되겠군요.
아! 이쪽이 남쪽입니다. 몬모란시는 분명히 이쪽 방향입
니다.

루소 11: 그럴 것 같구나. 그렇다면 바로 이 샛길을 따라가면 되지
않겠니?

에밀 11: (손뼉을 치고, 탄성을 지르며) 아! 몬모란시가 보입니다. 저쪽
에! 우리들의 바로 정면에 분명히 보입니다. 아침을 먹으
러 갑시다. 점심도 먹으러 갑시다. 서둘러 달려갑시다. 천
문학도 때로는 유익할 때가 있음을 알았습니다.

출처: 박병학의 『발문법원론』

이상은 루소가 교묘하게 설정한 하나의 대표적인 학습장면인 것이며, 말하자면, 계획적으로 에밀을 숲 속으로 데리고 가 그와 함께 길을 잃은 것처럼 하여, 그도 함께 매우 곤란한 처지에 몰입된 것처럼 꾸며, 에밀과 함께 고통을 하면서, 함께 궁리를 한 나머지 문제를 해결하기에 다다름을 잘 나타내 주고 있습니다.

이 학습사례에서 중요한 것은 첫째, 학습이란 필요에 의해 동기유발 되어야 한다는 것과 둘째, 그것은 아동의 입장에서 이해될 수 있는 있는 수준의 것이어야 하며, 셋째, 그 이해는 아동 스스로의 행동을 통해서 이루어져야 한다는 것입니다.

이들의 문답과정을 분석해 보면, 교묘하게 설정된 학습장면에 있어서, 우선 학습의 도입 단계에 있어서의 루소 1)의 발문이라든가, 이 학습의 클라이맥스로 이끌기 위한 루소의 발문 4, 5, 8) 등은 오늘날의 수업현장에 있어서도 그대로 활용될 수 있는 매우 시의적절한 발문이라 할 수 있습니다. 루소의 에밀에 있어서의 학습은 이같이 교묘하게 설정된 학습장면에서 유효적절한 발문의 활용을 통해 극적인 수업을 전개해 나가고 있음을 잘 표현해 주고 있습니다.

따라서 루소의 수업기술을 분석해 보면, 오늘날에도 적용해야 하는 훌륭한 수업기술로 루소로부터 배워야 합니다.

첫째, 사물을 매개로 하지 않는 지식은 존재할 수 없는 것입니다. 학습은 언제나 늘 감각적인 대상을 거쳐야 지적인 대상에 도달한다는 것입니다.

둘째, 학문을 외우도록 하는 것이 아니고 창조해 나가도록 하자는데 주장하고 있습니다. 그리고 학습은 아동 자신이 스스로 해야 하며, 가르쳐 주려고 하는 것은 잘못된 것임을 강조하고 있습니다.

셋째, 학습이란 은밀하게 계획적, 인위적으로 설정한 학습장면과 거기서 일어나는 의문 즉, 호기심, 필요감에 의한 학습자로부터의 질문이 교사로부터의 발문보다는 보다 빈번하게 이루어지도록 해야 합니다.

넷째, 학습과제 의식을 갖게 하거나 학습자들에게 해답을 얻어내는 동기를 줄 수 있는 과제발문적인 성격의 것이어야 하며, 그것은 학습자들의 능력에 맞추어 간단명료하게 이루어져야 합니다.

다섯째, 발문에 대하여 충분한 납득이 이루어지지 않는 경우에 있어서는 그것을 보다 이해하기 쉽게 하향적 수준 변화를 하여 발문하도록 합니다.

토론은
첨단 공부방법이다

20세기의 인류의 역사를 바꾼 천재들은 유대인이라고 합니다. 철학과 경제학을 연구하는 학자인 동시에, 자신이 갈고닦은 학문을 '혁명'을 통해 실천하고자 했던 칼 마르크스, 세계 최고의 정신심리학자인 지그문트 프로이트, 상대성 이론의 창시자인 알버트 아인슈타인 등입니다. 세계의 역사를 바꾼 유대인은 전 세계 인구의 0.2%이지만 역대 노벨 수상자의 23%를 차지하고 있습니다. 이처럼 유대인이 인구는 적지만 노벨 수상자가 많은 이유에 대해 연구 결과의 공통점은 유대인의 교육열과 특별한 교육방법이라고 합니다.

비록 유대인은 아닐지라도 가까운 이웃 나라인 일본도 노벨 수상자를 많이 배출했고, 중국과 우리나라보다 한참 낙후된 인도도 노벨 수상자가 예닐곱 명에 이릅니다. 우리나라는 노벨평화상 수상자 한 명에 지나지 않습니다.

오바마 미국 대통령도 부러워하는 우리나라의 교육열은 세계 최고입니다. 우리나라는 무엇이 부족해서일까요? 유대인의 공부방법에 비추어볼 때 질문과 토론이 부족한 우리나라의 교육방법에 그 원인을 찾고 있습니다. 유대인들은 세상의 모든 것에 대해 궁금증을 갖고 질문하며 토론을 통해 질문에 대해 해답을 구합니다. 토론을 한다는 것은 '남과 다름'을 인정하는 데서 출발합니다. 유대인은 '100 사람의 집단에서 이루어지는 토론은 100개의 서로 다른 생각이 존재한다'는 그들의 격언을 생활 속에서 실천하고 있습니다.

유대인의 전통적인 교육기관인 예시바(Yeshivah)가 있습니다. 예시바는 일종의 도서관인데 이곳에서 탈무드를 공부하면서 유대인의 가치관을 연구합니다. 예시바에는 둘 이상이 마주 앉아 토론이 가능하도록 좌석이 배치되어 있습니다. 이 좌석 배치는 토론과 논쟁을 위한 공간입니다. 책을 읽는 곳보다는 서로 다른 생각이 교류하는 의사소통의 장입니다. 질문과 토론을 통한 공부는 서로 다른 생각에서 보다 발전된 생각을 이끌어낼 수 있고 잘못된 생각을 바꾸는 비판적 사고와 더불어 창의성을 키우는 첨단의 학습방법입니다.

우리나라에서 김영철(20살, 가명) 씨는 고등학교 때 대학을 진학한 선배들을 보니까 음주 가무에, 학문을 연구하기보다는 취업 준비에 매달리는 생활 모습을 보고 맘에 내키지 않아, 학생의 발언권을 존중하고 토론 중심으로 이루어지는 대학 교육환경이 우수한 네덜란드에 유학을 선택했다고 합니다. 네덜란드의 면학 모습을 먼저 살펴보면, 네덜란드 헤이그 국립대학 강의실 어디를 둘러봐도 30명을 넘는 강의실은 없고 모든 강의실은 서로의 얼굴을 볼 수 있도록 책상과 의자가 배치되어 있어 토론 수업이 가능하다고 합니다. 교정 곳곳에는 삼삼오오 모인 학생들이 토론에 참여하고 있는 모습을 볼 수 있고, 어떤 모임에는 교수도 함께 참여하여 토론에 임하는 모습을 볼 수 있다고 합니다. 바로 이곳의 대학에서는 전체 강의의 80%는 토론하고 발표하는 수업으로 이루어진다고 합니다. 그리고 네덜란드 대학은 한 강의를 15명 안팎의 소규모로 꾸려 문제기반 학습(Problem Based Learning)으로 진행하고 있답니다. 이런 교수-학습방법은 네덜란드 대학 경쟁력의 중요한 요인으로 꼽히고 있습니다.

미국 최초의 흑인 대통령 버락 오바마가 대통령에 당선될 수 있었던 결정적인 이유 중 하나도 토론능력이 뛰어났기 때문입니다. 오바마는 자신의 생각을 설득력이 있게 말하는 능력이 뛰어났을 뿐 아니라, 문제의 해결책을 제시할 때 원인을 정확하게 진단하고 창의적인 표현법으로 해법을 제시하여 사람들에게 감동을 주었습니다.

토론수업은 인간교육에도 긍정적인 효과를 미칩니다. 토론수업은 대화나 회화와 달리 비교적 여러 사람이 모인 집단에서 어떠한 문제를 해결하는데 서로서로 의견을 교환해 가면서 원만하고 바람직하게 해결해 가는 특징을 지니고 있습니다. 토론을 통해 얻고자 하는 것은 문제 자체를 해결하는 것이 목표입니다. 뿐만 아니라 집단 속에서 한 사람, 한 사람이 자유롭고 명확하게 의견을 발표하고 또 다른 사람의 의견을 너그럽게 잘 받아들여 편견이나 특정인의 의견이 아니라 원만하고 합리적이고 가치가 있는 결론으로, 협동적으로 문제를 해결하는 태도와 습관과 성격을 기르는 데 있습니다. 그러므로 민주적이고 협동적인 인간을 기르는 수단으로는 이 토론수업이 훌륭한 방법입니다.

그렇습니다. 세상의 이치에 대한 해답이 하나면 무슨 공부가 필요하겠습니까? 질문과 토론이 존재할 필요가 없지요. 모두가 같은 생각을 한다면 어떻게 될까요? 서로 다른 고유함이 없고 새로운 아이디어가 존재하지 않으니 문명은 멈추게 될 것입니다. 그래서 이 세상의 모두가 서로가 달라서 존재한다고 담론할 수 있습니다.

토론교육이 자리를 잡으면 주어진 질문에 정해진 방식으로 답하기보다 이질적인 사고의 융합으로 창의적인 답을 구하게 됩니다. 토론능력은 어떤 문제든 스스로 해결할 수 있는 창의적인 사고능력을 갖춘 개개인으로 자라게 하는 큰 원동력입니다.

때문에 토론을 통해 해답을 찾고 서로 다름을 인정함으로써 세상이 진보하게 하는 힘을 얻게 되고 상대를 배려하며 함께 커가는 훌륭한 인간교육의 첨단 방법입니다.

토론문화는
민주시민의 자질을 키우는 첫걸음이다

참여정부(參與政府, 2003년~2008년: 노무현 대통령 정부를 일컫는 말로 2003년 3월 25일 출범)가 출범한 지 1년째를 맞이하여 H신문사 시평란의 기고자는 "갈등과 관용, 경쟁과 타협"이라는 제하에 다음과 같이 의견을 제시했습니다.

"최근 우리나라는 사회적 갈등 자체를 큰 문제라고 말할 수는 없습니다. 오히려 민주적 다원 사회는 그러한 갈등을 전제로 대화와 타협을 통해 조정과 합의를 이끌어내는 원리로 조직되어 있기 때문입니다. 그러나 이 갈등이 국민통합을 심각하게 위협하는 수준으로 진행되어서는 안 된다는 것이 국민적 여망이요, 합의라는 점을 잊어서는 안 됩니다. 곧 이념과 노선을 둘러싼 갈등이 아무리 첨예한 형태로 치달아도 상대방 존재에 대한 안정과 최소한의 관용이 실종되어서는 곤란하다는 것입니다. 중요한 것은 상대방에 대한 인정과 관용입니다. 이제는 경쟁하고 타협하는 정치로 거듭나기를 기대해 봅니다."

이와 같은 논지는 갈등만 있지 이를 해소하는 방안으로 건전한 경쟁을 멀리하고 대화와 타협을 소홀히 하고 있다는 한국사회를 꼬집는 외침이었습니다.

한편, 우리 사회가 언제부터인가 상대방에 대한 인정과 관용보다는 막다른 골목으로 몰아붙이는 '죽기살기식 싸움'으로 정치문화와 사회문화가 주류를 이루고 있다는 단상을 일컫는 글입니다.

필자는 인터넷에서 다음과 같은 기사를 접한 적이 있습니다. 경상남도 밀양군 경찰서의 회의실에서 경찰서장을 비롯하여 각 과장과 계·팀장은 물론 지구대·파출소장 등 35명이 참석한 가운데 '토마토-데이'(2007. 7. 30.) 행사를 한 이야기입니다.

이 행사는 조직 내 상하·수평 계층의 원활한 의사소통 및 토론문화를 혁신해야 한다는 공감대 형성과 더불어 문제를 합리적으로 해결하기 위하여 불합리한 절차를 개선하고 성공적으로 경찰업무를 수행하기 위한 방안을 논하기 위해서였습니다. 어쩌면 가장 수직적인 의사결정 구조를 지닌 경찰기관에서 '토마토-데이'를 가졌음은 놀랄만한 일이 아닐 수 없습니다.

'토마토-데이'의 어원를 살펴보면 '土마討(토마토)-day'는 토요일마다 토론하는 날을 지칭하거나, 또는 '土每討(토매토)-day'라고도 하여 매주 토요일은 토론하는 날을 지칭하는 말입니다. 이는 참여 정부에서 토론문화를 창출하여 합리적인 의사결정을 마련하는 방안으로 추진한 정책이기도 하였으나, 어느 정도 수준에서 얼마만큼 추진해 온 정책인지는 파악할 수는 없습니다.

다만, 지금까지의 우리 사회가 정쟁과 일방통행식으로 이어져 온 의사결정 문화를 없애고 최소한 다수결의 원칙하에 합리적 의사결정 방안을 모색하는 자구책이었다고 평가할 수 있습니다.

선진 민주국가의 국회(의회)는 토론문화의 상징입니다. 토론문화가 가장 성숙되어야 할 대한민국 국회를 살펴보면 우리나라 국민의 토론문화 수준을 짐작할 수 있습니다. 2010년 말, 한국의 국회에서 다음년도 예산안 처리를 둘러싼 국회 몸싸움 장면이 〈월스트리트 저널(WSL)〉에서 선정한 '2010 올해의 사진'에 꼽혔습니다. 부끄러운 일입니다. 국회의원들이 국가정책을 수립하고 결정하는 의사결정 과정에서는 반드시 서로 다름을 인정하고 이를 합리적으로 모색하는 토론과정이 있어야 함이 당연합니다. 그런데 방송 등 각종 언론의 보도를 접했을 때 이전투구식으로 설전과 멱살을 잡고 내동댕이치거나 물리적으로 의사결정을 하는 국회의원들의 모습을 보여주며 뉴스를 전하는 일이 허다합니다.

이러한 부정적인 모습을 보고 자라는 학생들에게 민주주의가 어떻고 토론문화가 어떻다고 교육한들 학생들은 이를 수긍할 수 있겠는지 의문을 가질 수밖에 없습니다. 배움과 현실이 다를 때 교육은 무용지물입니다.

그렇다면 우리나라 국회의원들은 타당과의 견해와 다르고 생각이 다를 경우에는 대화와 타협보다는 왜 몸싸움이 우선일까요? 그 해답은 자명합니다. 최소한 이 시점에서 우리나라의 국회의원들은 학교에서 토론문화를 접하는 기회가 없거나 부족했으며, 의사전달 방법이 지시전달식이고 주입식 교육문화 속에서 공부하고 자랐기 때문일 것입니다. 토론이 없는 문화 속에서 자란 분들이기에 자기의 생각과 다를 경우에는 틀리다고 인정할 뿐이지, 서로 다름을 타협하고 조정하여 질적으로 우수한 생각과 방법을 창출하는 값진 경험이 미천했습니다.

따라서 성숙한 민주시민의 자질을 키울 수 있는 방법은 디베이트(debate: 반대가 있는 토론) 교육을 확산하는 일입니다. 자라나는 학생들에게 모두 디베이트 교육을 의도적으로 인위적으로 조성해 주어야 합니다. 남의 말을 경청하는 훈련, 자기 말을 설득력 있게 하는 능력, 규칙을 훈련시키는 훈련, 승부에 승복하는 훈련을 해야 합니다. 서로 다른 생각을 조정하고 타협하여 최선의 결론을 가져오는 경험이 많은 어린이로 자란 어른이 국가와 사회의 리더가 되었을 때, 선진 민주국가를 경영할 자격을 갖추게 됩니다. 이와 같은 사회에서 토론문화를 경험한 새로운 세대로 자라나서 더욱 승화된 새로운 리더십을 발휘하게 되면, 한국사회는 더욱 성숙한 모습으로 보일 수 있을 것입니다.

토론학습과 토론경험을 학교뿐만이 아니라 가정에서도 사회에서도 마련해 주어야 합니다. 토론으로 서로 같음은 나누면서 즐기고, 다름은 인정하고 존중하는 문화가 이뤄져야 합니다. 그래야만 자신이 선택하는 가치를 자유롭게 추구하고 존중하게 되어 다양성이 존중받는 사회가 됩니다. 가정에서는 웃어른의 의사결정이 가족 전체를 대변하는 형식이 되어서는 안 됩니다. 가족 중의 가장 어린애부터 점차적으로 주제에 관하여 생각을 밝히고 의견을 개진할 수 있는 우선권을 주고 부모는 가족의 의견들을 조정하고 조율하여 가장 합리적인 대안을 찾도록 하는 역할을 담당해야 합니다. 가족의 동의를 구하여 이루어진 일들은 가족의 만족도를 높이고 화목을 가져올 수 있습니다. 토론문화가 있는 가정에서 자란 어린이는 사회에 나와서도 토론문화를 자연스럽게 받아들이는 성숙한 모습을 지닐 것입니다.

국가와 이익단체, 국민의 편의와 복지를 증진하는 기관과 단체에서도 토론문화를 의도적으로 조성해야 합니다. 모든 국민이 공감대를 가져올 수 있는 최대공약수적인 일이어야 하기 때문입니다. 민주국가에서 국가정책을 결정하는 과정에서 대통령이나 각부 장관, 리더의 의지대로 결정된다면 국가정책의 공공성과 신뢰성이 확보되지 못합니다. 국가정책은 각종 시민단체와 주민, 또는 국민대표를 상대로 토론 절차를 거쳐 합리적으로 추진되었을 때, 모든 국민으로 하여금 동의를 얻는 데 가교 역할이 됩니다. 한편 성공적인 정책으로 수행하는 데 큰 힘이 되며, 국민의 만족도를 더더욱 높일 수 있습니다. 만일 실패한 정책일지라도 책임을 분담할 수 있고 또 다른 국가정책을 수립하여 추진하는데도 국민의 동의를 쉽게 얻을 수 있습니다.

의사결정 과정에서 토론은 민주주의 원리와 합치한다고 할 수 있습니다. 성숙한 민주시민의 자질인 토론능력을 키우는 토론문화는 가정에서부터 이루어져야 하고, 학교교육에서는 물론 국가 사회의 제반 기관에서도 토론을 통하여 합리적인 의사결정을 하는 문화가 이루어져야 할 것입니다.

토론을 경험해야
높은 곳에서 멀리 볼 수 있다

　　　　　토론을 경험한 사람은 생각의 그릇이 커지고 생각의 질이 높아집니다. 토론을 경험한 사람이 세계를 지배할 수 있는 자질을 지닌 리더가 될 수 있다고 감히 주장합니다. 토론을 경험한 리더가 높은 곳에서 더욱 멀리 바라볼 수 있기 때문입니다.

여론조사로 살펴본 토론문화 실상

　구직 사이트 '인크루트'가 직장인 501명을 대상으로 직장 내 회의 문화에 대하여 실시한 설문조사 결과를 H신문사(2011.8.4. 20면)에서 소개하였는데, 소속한 직장인은 직장 내 회의 때문에 스트레스를 받거나 받고 있는 직장인들이 많다며, 그 이유를 최고 리더자가 긴 시간 동안 경직된 분위기에서 일방적인 지시로 일관하기 때문이라고 지적하고 있습니다.

　설문조사 결과를 구체적으로 정리하면 다음과 같습니다.

직장인 501명 회의문화 설문조사

자료: 인크루트

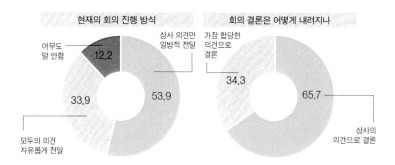

현재의 회의 진행 방식

아무도
말 안함
12.2

상사 의견만
일방적 전달
53.9

33.9

모두의 의견
자유롭게 전달

회의 결론은 어떻게 내려지나

가장 합당한
의견으로
결론
34.3

65.7

상사의
의견으로 결론

함께 회의 진행하기 힘든 동료 유형

화를 내는 버럭형	21,496
본인 의견 안 굽히는 고집형	17.8
중간에 말 끊기형	17.6
자기 말만 하는 어린아이형	14.8
주제에서 벗어나는 탈선형	13.2
묵묵부답형	12.6

결론이 뻔한 회의를 왜 하나

직장인들이 회의로 인한 스트레스를 받는 가장 큰 이유는 시간을 많이 뺏겨서 본업에 지장을 주고 어차피 상사 뜻대로 결론이 나도록 회의가 일방적으로 진행되기 때문이다. 결국 시간을 내서 참석했는데 막상 참석하고 보니 참석해야 할 이유를 전혀 찾지 못하는 경우가 많이 있음을 보여주고 있다.

회의가 형식적이다

경직적인 문화에서 긴 시간 동안 일방적인 지시와 전달 중심의 회의문화이다.

그래서 최근에는 회의가 단지 대화를 나누는 것만으로 끝나지 않도록 구성원들이 회의 주제와 준비과제를 사전에 점검하고 사후 회의 결과도 점검하도록 하여 형식적인 회의를 지양하고 있다. 예로 기관의 최고의 리더가 기관의 전략(strategy)과 시너지(synergy)와 관계있는 실무자 회의 때 직접 참여하는 '쌤(SSAM) 미팅'을 도입하거나, 직원들이 자유롭게 음료 하나씩을 들고 격의 없이 논의하는 방식인 '캔(can) 미팅'을 실시하는 경우도 있다.

결정은 내가 한다는 리더의 사고가 변해야 한다

제도적인 장치보다 더욱 중요한 것은 회의에 참석하는 사람들의 자세이다.

먼저 최고 리더는 직장 밖 워크숍 같은 곳에서 자유로운 회의를 통한 성취를 맛보는 것 같은 사전 경험이 필요하고 리더는 자기의 생각과 의견이 다를지라도 이를 용인하고 바람직한 의견은 수용할 줄 아는 자세가 중요합니다. 사회자는 회의에 참석하는 모두가 의견을 내서 회의 진행 규칙을 정하게 하는 등 모든 사람들의 참여를 이끌어내는 방법을 동원하고 회의 참석자가 자유롭게 토론하고 결론을 내도록 산파자 역할을 해야 합니다.

토론은 리더의 뜻대로 이끄는 수단이 아니고 수요자의 의견을 수용하여 그에 합당한 대우를 해주기 위한 의견수렴과 공급의 과정입니다. 리더가 수요자 중심의 역할을 펼칠 때 수요자는 리더를 따르게 되고, 리더는 더욱 양질의 역할을 펼칩니다.

이와 같은 리더의 역할은 가정에서는 부모가, 학급에서는 선생님이, 학교에서는 학교장이, 일반 관공서에서는 기관장의 소임입니다.

토론문화를 경험하면서 자란 애들이 생각의 차이를 존중하고 해소할 줄 알며 다름을 인정할 줄 알게 되어 융합적인 사고의 폭을 넓히고 창조적인 역량을 키우는 계기가 됩니다. 토론문화 속에서 자란 사람은 훌륭한 리더로서 갖추어야 할 자질이기도 합니다. 이러한 리더는 장차 보다 높은 곳에서 멀리 내다볼 수 있습니다.

토론과정에서
의사소통의 모형이 있다

토론은 학교수업이나 가정, 회사 등에서 참여하는 사람들이 이미 설정된 목표나 당면 과제를 해결하기 위하여 자신의 생각이나 사상, 의견 등 여럿으로 나누어 있는 것을 합의점을 찾아 하나로 수렴하는 과정입니다. 토론은 타인으로부터 새로운 정보를 획득하고 배우는 기회를 제공합니다. 그리고 토론과정에서 개인의 사고를 질적으로 높여주고 보다 폭넓은 사고를 얻을 수 있고 문제해결의 기능 및 민주주의 원리와 태도를 배울 수 있게 합니다. 혼자만의 사고로는 가장 이상적이고 합리적인 사고를 도출하는 데는 한계가 있고 왜곡된 사고를 하기 쉽습니다. 최소한 2인 이상이 참여하여 이루어지는 대화나 크고 작은 그룹에서 이루어지는 토론이 필요합니다. 학교수업일 경우에는 짝과의 상호 대화를 하거나 3인 이상이 소그룹을 조성하여 소집단 토의를 진행합니다. 또 전체 학생을 대상으로 토론수업을 진행할 경우가 바람직합니다. 그래서 의사결정 과정에서 개인적인 사고보다는 집단사고가 우수하여 보다 좋은 의사결정을 이끌어낼 수 있습니다.

그런데 대화나 토론을 진행하는 일정한 절차와 방법이 없다면 이 또한 소득이 없이 시간만 낭비하여 설정된 목표를 도달하기 어렵고, 해결하고자 하는 당면 과제를 오히려 어렵게 하는 경우가 있습니다.

　토론이 효율적이고 공정한 진행을 위해서 다음과 같은 절차가 필요합니다.

준비	역할분담 및 규칙	토론진행	평가
• 토론 논제 선정 • 토론자 선정 • 토론집단의 　규모 결정 • 토론장 설치	• 토론자 간 　역할 분담 • 토론의 기본 　규칙 제정	• 토론의 목적에 　맞는 모형을 적용 　하여 토론 진행	• 토론 활동 전반 　에 대한 평가와 　성찰

　질 높은 토론을 실천하기 위해서는 일정한 토론기법이 필요합니다. 구체적으로는 토론은 듣는 것부터 시작합니다. 먼저, 잘 듣는 태도가 선행되어야 합니다. 잘 들어야 토론의 논쟁을 파악하고 말할 기회를 얻습니다. 다음은 토론 논제에 대한 경험적 근거를 마련하여 새로운 시각에서 자신의 입장을 당당하게 밝혀야 합니다. 그리고 설득력 있는 대화 기술, 쉬운 말, 정확한 말, 말의 리듬을 살린 표현력이 필요합니다. 토론의 기술도 중요합니다. 토론을 주관

하거나 진행하는 주체자(연출자)는 조언자, 격려자, 도우미, 지식창고 (Memory Bank)의 역할을 해야 하며, 토론에 참여하는 토론자(학생)는 말하는 방법, 대화하는 방법 발언권을 얻는 방법에 능숙해야 합니다. 그리고 토론을 원만하게 진행하는 사회자는 토론 속도의 맞춤자, 의제를 공정하게 판단할 수 있도록 도움을 주는 진행자, 의견을 종합하는 메모링자로서의 역할을 수행해야 합니다. 이상과 같은 토론기법을 적용하는 토론의 형식을 아는 일도 중요합니다. 대담식 토론(물음에 답하기), 자유 토론(난상 토론), 세미나 토론, 포럼식 (forum)의 공청회 형식, 논쟁식 토론(디베이트: 반대토론), 인터뷰 토론(토론을 인터뷰 형식으로 진행), 의견을 종합 과정에서 종합한 내용에 대한 의견을 개진하는 의견개진 토론 등이 있습니다.

토론은 대집단이나 소집단, 짝끼리 의사소통 등에서 자신의 생각을 타인과 나눔으로써 생각(지식)의 양을 늘려가는 것을 주목적으로 하는바, 의사소통 형태(의사소통 망: Communication Network)가 필요한데 그 형태는 여섯 가지가 있습니다.

원형(circle)   연쇄형(chain)   Y형   윤형(wheel)   전체경로형(all-channel)

의사소통 형태

먼저, 집단 구성원 간에 뚜렷한 서열이 없는 경우에 나타나는 의사소통 형태로 중심인물이 없는 상황에서 의사소통의 목적과 방향이 없이 구성원들 사이에 정보가 전달되는 원형(원탁형: circle)이 있습니다. 서열이 없으나 이 역시 자연스럽게 참여자 중 한 참여자가 의견을 모으는 과정이 필요합니다.

연쇄형(chain)이 있습니다. 수직적 계층 구조에서의 의사소통형인데 최고의 리더가 일방적으로 지시하고 전달하는 방법이며, 최고의 리더를 제외한 소속원은 듣기만 하고 전달하는 내용을 무조건적으로 받아들입니다. 학교수업에서 이 형태를 적용한다면 교사는 열심히 전달하거나 설명하고 학생은 들으면 됩니다. 주입식 교육의 전형적인 방법입니다. 이 형태는 생각의 질이 높아질 수 없으며, 사고의 확장이 없습니다. 실제 토론으로 취급하지 않습니다. 다만 대다수를 대상으로 하여 정보를 일제히, 신속하고도 일사불란하게 전달해야 할 필요가 있을 경우에는 이 방법을 적용한다면 장점일 수 있습니다.

다음은 확고한 중심인물이 존재하지 않아도 대다수 구성원들을 대표하는 지도자가 존재하는 경우에 나타나는 의사소통 형으로 Y형이 있습니다. Y형은 부정기적으로 자연스럽게 집단의 참여자 중에서 강제성이 없이 어느 한 참여자가 자발적으로 의견을 모으는 형이며, 민주적입니다.

의사전달이 어느 중심인물이나 집단의 리더에 집중되는 윤형(wheel)입니다. 이 형태는 각종 정보를 리더에게로 모이거나 이미 정해진 의견을 리더가 집단이나 중심인물에게 전달하는 경우입니다. 토론과정에서 의견을 종합할 때, 이 형태를 취하면 바람직합니다.

마지막으로 토론에 참여하는 주관적인 인식을 객관화하기 위한 상호 간의 의사소통 유형은 일반적으로 전체경로형(all-channel)이 바람직합니다. 왜냐하면 구성원들 모두가 참여하고 정보를 교환할 수 있어 정확성이 높고 복잡한 어려운 문제해결이 용이하며, 창의성이 요구되는 문제해결에 효과적이므로 결국은 효율성이 가장 높게 나타난다고 볼 수 있습니다.

다만 종합적인 상황파악과 실제 문제해결의 소요 시간의 문제점보다 학습의 효과를 극대화하는 입장을 우선하기 때문에 전체경로형이 토론 참여자의 주도로 수평적 사고를 중시하면서 의사를 결정하는 토론 방법일 것입니다.

지금까지 소개된 여러 의사소통 형태는 각기 장단점이 있으며, 토론과제의 성격, 구성원의 개인적인 특성, 구성원의 수에 따라 의사소통의 효율성과 질, 성과가 달라질 수 있습니다. 토론과제에 대한 결과 도출의 효율성은 윤형, Y형 및 전체경로형이 높고 원형과 연쇄형은 효율성이 낮습니다. 그러나 집단의 분위기나 만족은 그 반대가 됩니다. 따라서 의사소통 형태를 적용할 경우에는 토론의 과제의 성격 등 상황에 따라 선택적으로 달리하여 적용합니다.

4장

공부는
내가
하는
것이다

긍정의 힘은 아이들의 자아존중감이 강해지고
나아가 학력이 향상되는 시너지 효과를 거둘 수 있습니다.
긍정의 힘을 지닌 아이들은 인성이 곱고 자기 꿈을 키워가기 위해
자기 에너지를 갖고 살아갑니다.

학습에 대한 책임은
학습자 자신이다

우리는 모두 우리 자신의 학습에 책임이 있습니다. 교사의 책임은 학생들이 본래 그들에게 속해 있는 책임을 지게끔 해주는 교육환경을 창조하는 것입니다. 교사들은 학생들의 자기주도적인 탐구를 고무시켜 줌으로써, 그리고 교사와 학생, 학생과 학생의 상호작용을 매개함으로써 그러한 교육과정을 만들어 냅니다. 그러나 교사가 학생들의 유일한 책임인 학습을 떠맡을 수는 없습니다.

이제 종래에 중요시되던 '교수(敎授)'의 개념 대신에 학습자 중심의 '학습' 또는 '학습환경'을 강조합니다. 학습자의 역할이 달라졌기 때문입니다. 기존 학습자의 역할은 수동적이며, 교수자에 의하여 지식을 받아들이는 위치에 있었으나 구성주의 입장에서 학습자는 자율적이고도 적극적으로 학습자 개개인이 지닌 사회·문화적 배경을 바탕으로 하여 스스로 지식을 형성하고 습득해야 하는 학습을 강조하고 있습니다.

구체적인 내용은 다음과 같습니다.

첫째, 학습자들이 지식을 구성해 나가는 과정을 경험하도록 합니다.

둘째, 학습자들이 다양한 대안을 경험하도록 하고 그것을 평가하도록 합니다.

셋째, 지식이 직접 사용되는 상황에서 학습이 이루어지도록 합니다.

넷째, 학습의 목표나 주체의 결정권을 학생이 주체가 되도록 합니다.

다섯째, 학습이 교사와 학생, 학생과 학생 사이의 사회적 경험 속에서 일어나게 합니다.

여섯째, 다양한 매체를 사용합니다.

일곱째, 학습자가 지식의 구성 과정을 스스로 인식할 수 있도록 합니다.

교사의 역할도 달라졌습니다. 교사는 이전 지식의 전수자, 혹은 과제의 관리자라는 역할 대신, 인도자, 코치로서의 역할을 강조하고 있습니다. 교사의 역할은 지식의 전수자가 아니고 학습자가 처한 문화적·역사적·사회적 상황으로 인하여 서로 독특한 형태로 존재하고 있는 개개인의 경험적 지식의 가치를 인정하고 그러한 측면이 반영될 수 있는 형태로 학습 결과를 유도해 주는 것입니다.

구성주의 학습관이 학습자 중심으로 전개되고 교사는 안내자, 격려자, 지식 생산의 촉진자임은 부인할 수 없습니다. 그렇다고 간과하지 말아야 할 일이 있습니다. 제반 학습과제의 해결과정과 결과도출의 장(場)을 모두 학생에게 맡겨서는 대단히 위험합니다. 어디까지나 학습자의 주체는 학습자이며 과제해결의 과정을 중요시하는 것이되, 학습자자 주도로 형성된 학습결과 자체를 인정해야 한다는 말은 결코 아닙니다. 교사는 학습과정에서 야기되는 문제점이나 학습의 결과를 피드백하여 오류가 없이 올바르게 의사결정의 해(解)를 이끌어내었는지 검토하는 즉 반성적사고과정(Reflection Thinking: 지식이 생성되는 과정을 되밟아 확인하는 과정)을 반영시켜 확실한 지식으로 확인시켜 줄 필요가 있습니다.

지금까지 논의한 구성주의 이론의 틀은 교사들에게 그들과 그들의 학생이 생각하고 탐구하도록 격려되는 환경을 창조하도록 하고 있습니다. 학습에 대한 책임은 학습자 자신임을 일러주는 것입니다. 이것은 굉장한 교수방법의 도전이라고 생각합니다. 그러나 "덜한 것이 더한 것이다(less is more)". 즉, 학습자의 자기주도적학습력을 강화하는 방안은 교사의 간섭과 개입을 줄이는 것입니다.

그리고 진정한 자기주도적학습력을 보강하는 방안으로 다음과 같은 것들을 줄여야 합니다. 좋은수업을 위해서도 마찬가지입니다.

- 강의 중심의 일제 수업방식을 줄입니다.
- 수동적인 학습관을 줄입니다. 즉, 정보를 듣고, 정보를 받고, 정보 외우기 등입니다.
- 수업시간에 침묵을 강요하는 일을 줄입니다.
- 학습지와 시험지를 공부하는 시간을 줄입니다.
- 권장 도서를 읽는데 보내는 시간을 줄입니다.
- 어떤 사실이나 사항을 단순 암기하는 것을 줄입니다.
- 성적 높이기 공부나 경쟁을 줄입니다.
- 능력별 그룹을 만들거나 능력별 이름을 붙이는 것을 줄입니다.
- 표준화 검사에 의존하거나 사용하는 것을 줄입니다.
- 특별프로그램을 대용하는 것을 줄입니다.

이와는 다르게 진정한 자기주도적학습력을 보강하는 방안으로 다음과 같은 것들을 늘려야 합니다. 좋은수업을 위해서도 늘리면 더욱 좋습니다.

- 모든 학생들이 수업에 참여하여 나오는 소음, 만들기, 이야기하고 협동하는 움직임을 늘립니다.
- 고등사고력을 강조하는 중심 개념과 원리 배우기를 늘립니다.
- 원저나 원서, 신문 읽는 시간을 늘립니다.
- 학습의 과정(계획 세우기, 관찰, 정리, 평가)에 대한 학생 책임을 늘립니다.

- 학습자 자신이 책을 선택하거나 짝을 선택하는 경우를 늘립니다.

- 민주주의 원칙을 학교에서 모범을 보이거나 행하도록 합니다.

- 협동과 합동 학습과 활동을 많이 합니다.

- 이질집단(능력의 편차가 있는 집단)에서 도움주기 학습을 장려합니다.

- 교사들의 관찰로 얻어진 질적 또는 일화 형태의 기술적 평가를 강조합니다.

앞으로 자기주도적학습력을 보강하고 좋은수업을 위한 전략으로 줄어드는 것은 가능한 줄이고 늘어나는 것들은 가능한 늘려야 합니다. 이를테면 단위 시간에 학습자 주도의 수업이 이루어지도록 하고 학습자의 개성을 살린 학습지도, 학습자 개개인의 능력에 적합한 교수방법을 처방하며, 학습의 사회화를 강조하는 요즈음에는 이질집단을 조직하여 협동학습에서 도움주기 학습을 장려해야 합니다. 자기주도적학습력을 보강하는 전략으로 학부모로부터 이루어지는 가정학습지도에도 선택적으로 적용함이 매우 유익하리라 봅니다.

긍정의 힘을 키워주면
자아존중감이 강해지고
학력이 향상된다

어느 날 김용모 선생님의 '사랑을 나누어 주는 교사' 수기를 읽었습니다.

"선생님, 베란다에서 키우기 쉬운 식물 좀 추천해 주세요."

어떤 모임에서 한 주부가 나에게 물었습니다.

모든 식물은 가정에서 키우기 어렵습니다. 그러나 어떤 식물이든지 그 식물의 특성을 이해하고, 그 식물이 좋아하는 것을 이해하고, 그 식물이 좋아하는 것을 해 주면 잘 자랍니다. 자기가 좋아하는 사람의 마음에 들기 위해 그 사람이 좋아하는 것을 하듯이 말입니다.

'우자조호 현자육림(愚者鳥護 賢者育林)'이라 했습니다. '어리석은 자는 새를 부르고, 현명한 자는 숲을 키운다.'는 뜻입니다.

아이들에게 하지 마라, 이렇게 해라 하며 정해진 틀에 맞추어 생활하기만을 주문한다면 아이들은 변화하지 않습니다. 아이들이 잘 할 수 있는 발판을 마련해 주어야 합니다.

곡식은 농부의 발소리를 듣고 자랍니다. 어릴 적 아버님의 말씀처럼 아이들은 교사의 열정과 사랑을 먹고 자랍니다.

출처: 김용모 선생님, 한국교육신문, 2014.

이 글에서 선생님은 빵을 먹여주는 교육이 아니라 빵을 스스로 만들어 먹을 수 있도록 자긍심을 불어넣어 주는 교육이 참다운 교육이며, 제자에 대한 진정한 사랑이라고 했습니다.

그렇습니다. 애들에게 자아존중감과 긍정의 힘을 키워주는 학습 이론이 회자(膾炙)된 지 오래입니다.

피그말리온이라는 조각가가 있었습니다. 그는 어느 날 상아로 여인상을 조각하게 되었습니다. 혼신의 힘을 다하여 조각을 하다가 자신도 모르게 여인상에 매료되어 사랑에 빠지게 되었습니다. 상아로 만든 여인이 너무도 아름다워 아프로디테 신에게 상아 여인과 같이 아름다운 여인을 아내로 맞이할 수 있도록 간절히 기도했습니다. 그 순간 상아 여인은 몸에서 생기가 도는 아름다운 여인이 되었습니다. 마침내 피그말리온은 상아 여인을 아내로 맞이하여 행복하게 살았습니다. 이 이야기를 피그말리온 효과(Pygmalion effect)라고 하는 데, 피그말리온처럼 이상을 향해 노력하면 꿈이 실현된다는 자성예언(Self-fulfilling prophecy)입니다.

피그말리온 효과를 실험으로 증명한 학자가 있습니다. 미국의 교육학자인 로젠탈(R. Rosenthal)과 제이콥슨(L. F. Jacobson)은 누군가에 대한 믿음, 기대, 예측이 대상에게 그대로 실현되는 경향을 피그말리온 효과라고 명명했는데, 처음에는 뭔가를 기대할 수 있는 상대가 아니었다 해도 마음속에서 믿고 행동함으로써 상대를 자신의 기대대로 변화하게 하는 신기한 능력이 우리의 마음에 있다는 것입니다.

교사가 '어떤 학생을 우수할 것이다'라는 기대로 가르치면 그 기대를 받은 학생은 다른 학생보다 더 우수하게 될 확률이 높다는 이론으로 자성적 예언이라고 부릅니다. 무슨 일이든 기대한 만큼 이루어진다는 것을 말합니다.

이를테면 지극히 평범해 보이던 학생이 선생님의 말씀 한마디로 크게 분발해서 몰라보게 우수한 학생으로 변하는 경우가 있습니다. 관심과 기대를 갖고 칭찬을 해주면 용기와 자신감을 갖게 되어 분발하는 것입니다.

다음과 같은 사례가 이를 대변해 주고 있습니다.

첫 번째 사례로 교육학자인 로젠탈과 제이콥슨은 1968년 샌프란시스코 한 초등학교에서 전교생을 대상으로 실시한 지능 검사 결과, 실제 점수와는 아무 관계가 없는 학생들의 명단을 해당 학교의 교사들에게 알리면서 지적 능력이나 학업성취의 가능성이 높다는 거짓 정보를 흘렸습니다. 이후 몇 개월이 지난 다시 이들에게 지능 검사를 실시하였는데, 명단에 속한 학생들은 다른 일반 학생들보다 평균 점수가 높았고 예전에 비하여 성적이 큰 폭으로 향상되었습니다. 이는 이 아이들의 지적 발달과 학업성적이 향상되리라는 기대를 갖고 정성껏 돌보고 칭찬한 결과로 나타난 것입니다.

다음의 사례는 영국의 극작가이자 사회비평가인 조지 버나드 쇼는 이 피그말리온 이야기를 이용하여 5막짜리 희곡을 남겼습니다. 주인공인 히긴스는 음성학자였습니다. 그는 자신의 이론을 검증할 학문적 실험으로 가난한 소녀 일라이자를 자기 집으로 데려옵니다. 일라이자는 런던의 거리에서 꽃을 팔아 살아가는 하류 계층의 소녀였습니다. 히긴스는 일라이자의 엉망진창인 발음과 사투리, 빈민층 언어를 교정해서 귀부인으로 변신시키고 애초의 목표대로 사교계의 꽃으로 만드는 데 성공했습니다. 그러나 그는 학문적 실험에 성공하는 데 만족할 뿐 일라이자를 이성으로 대해주지 않았습니다. 이에 실망하고 모욕감을 느낀 일라이자는 그의 곁을 떠나버립니다. 이들은 신화 속의 주인공처럼 행복한 결말을 맺지 못했습니다. 결국 일라이자는 히긴스에게는 꽃 파는 소녀일 뿐이었습니다. 그러나 따뜻이 대해준 히긴스의 친구에게는 아리따운 숙녀였습니다.

그런데 이 희곡은 정작 연극보다는 영화로 더욱 유명합니다. 1964년 미국에서 뮤지컬 영화로 제작되어 엄청난 성공을 거두었습니다. 청순한 얼굴을 가진 배우 오드리 헵번이 일라이자 역을 맡아 열연했습니다. 영화에서는 끝부분이 신화의 결말처럼 해피엔딩으로 개작되었습니다. 즉 히긴스가 일라이자를 가르치는 도중에 그녀를 사랑하게 되는 것으로 그려져 있습니다. 희곡의 결말이 버나드 쇼였다면 해피엔딩으로의 개작은 가장 할리우드다운 것이라고 할 수 있습니다.

이와 같은 이야기는 자성적 예언의 사례입니다. 자성적 예언은 어떤 행동이나 학습을 함에 있어서 학습자가 보이는 학습 수준이 주변에서 특히 교사가 지니는 기대 수준에 부합되게 일어나는 현상을 일컫습니다. 예컨대, 학습자의 지능 수준이 높으면 학업성취도가 높아진다는 정보를 가진 교사가 자신이 담당하는 학생 중 특정 학생의 머리가 좋다고 믿게 되면 그 학생의 성취도가 실제로 높게 나타납니다.

한편 사회학자 머튼(Merton)이 처음 사용한 용어로 자기 자신의 예언에 따라 모든 것이 이루어질 수 있다는 자기 충족적 예언(Self-Fulfilling prophecy)이 있습니다. 정말 진실로 내 마음 깊은 곳에서 무언가를 바란다면 그것은 긍정적으로 이루어진다는 것입니다.

자성적 예언과 반대 현상을 지칭하는 것으로 자멸적 예언이 있습니다. 자신에 대한 주변의 기대가 낮을 경우, 그 학생은 학업성취도가 낮게 되는 현상을 말합니다.

긍정의 힘은 약의 효과에도 작용하는 플라시보 효과(Placebo effect)가 있습니다. 플라시보 효과는 화학적 성분으로 아무런 효과가 없는 가짜 약을 복용하면 증상이 호전된다는 현상을 말합니다. 정말로 좋은 약을 사용하더라도 그 약을 환자가 불신하고 복용하면 70%의 효과밖에는 내지 못한다고 합니다. 반대로 그 약을 환자가 절대적으로 믿고 복용하면 130%의 효과가 나타난다는 것입니다. 믿고 안 믿고의 차이에 따라서 두 배에 가까운 효과를 볼 수 있습니다.

그 사례로 사랑니를 뺀 사람에게 플라시보(효과가 없는 화학적 성분)를 복용하고 진통제라면서 의심하지 않고 믿는 바람에 뇌 안의 엔도르핀의 진통작용이 일어났음을 명백히 보여주고 있습니다. 진통제라고 굳게 믿어 버림은 '마음의 작용'이라고 믿고 마음의 작용이 뇌의 물질에 영향을 미친다는 점을 분명히 밝혔습니다.

위의 여러 가지 긍정적 자아존중감에 대한 사례를 종합하여 얻은 결론은 퍼키(Purkey)의 주장과 일치합니다. 학업성적이 우수한 학생들은 자아개념이 긍정적이어서 자기 자신을 가치 있고 바람직하며, 유능한 사람으로 인정하여 긍정적인 자아존중감이 강하다는 것입니다.

가르치는 선생님이나 부모님들께서는 애들이 기대 수준에 미치지 못할 경우에는 "이것도 못해?", "누구누구는 잘하는데……" 하는 질책이나 다른 애들과 비교를 하여 애들의 자존감을 훼손하고 자멸감을 주어 부정적인 에너지를 갖게 하는 경우가 많습니다. 부정적인 에너지의 소유자에게 절망적인 상황은 곧 막다른 골목이자

낭떠러지가 됩니다. 그래서 부딪혀보기도 전에 일찌감치 포기하고 맙니다. 꾸중이나 질책은 긍정의 힘을 마이너스로 작용하게 하는 원천입니다. 반면에 순수한 긍정의 에너지를 가진 사람은 절망적인 상황에서도 좌절하지 않습니다. 긍정의 힘은 어려운 상황을 오히려 도약의 발판으로 삼아 상승작용을 일으킵니다.

선생님과 부모님께서는 피그말리온 효과를 거둘 수 있도록 자성적 예언, 자기 충족적 예언과 같은 긍정의 힘을 키워주는 장면을 의도적으로 마련해 주고 애들에게는 스스로 긍정의 힘을 갖도록 여건을 조성해 줄 필요성이 있습니다. 긍정의 힘은 애들의 자아존중감이 강해지고 나아가 학력이 향상되는 시너지 효과를 거둘 수 있습니다. 긍정의 힘을 지닌 애들은 인성이 곱고 자기 꿈을 키워가기 위해 자기 에너지를 갖고 살아갑니다.

그렇습니다. 선생님은 학생들에게 호기심을 키워 자기를 발견하고 스스로를 인정하면서 자기주도적인 학습력을 발휘할 수 있도록 하는 역할에 충실해야 합니다.

자기주도적학습론의 연원은
'줄탁동시 학습론'이다

어미 닭이 예쁜 새끼를 빨리 보기 위해 때가 되지 않은 달걀을 깨뜨리는 법은 없습니다. 오히려 깨뜨릴까 봐 전전긍긍하며 따뜻이 감싸줍니다. 그러나 우리 부모님들은 예쁜 자녀의 모습을 보고 싶어서 자녀의 껍질을 부수는 경우가 많습니다. 그 껍질은 부모가 벗겨서는 안 됩니다. 자기 스스로 벗겨야 합니다. 즉, 달걀 속의 병아리가 스스로 깨뜨리고 나와야 합니다. 이처럼 배움도 스스로 깨우쳐야 합니다. 이를 '자기주도적학습'이라고 함이 가장 쉬운 표현입니다.

자기주도적학습(self-directed learning)은 자기계획(self-plan), 자기선택(self-selection), 자기탐구(self-inquiry), 자기교수(self-teaching), 자기조력(self-assistance), 자기평가(self-evaluation)에 의한 학습입니다.

자기주도적학습을 학문적 이념으로 접근해 보면 학습자 자신이 학습의 주도권을 잡고 학습 목표를 세우며 학습내용을 선정하여 적성이나 능력에 맞추어 학습하고 평가를 통하여 학업성취도를 진단하는 것입니다. 환언하면 스스로 자신을 가르치고 배우는 자기 학습방법입니다.

한편 자기주도적학습의 의미를 동양교육사상에서 고찰하여 밝히고자 합니다.

동양교육사상에서 수업기술을 상징적으로 표현해 주고 있는 말이 바로 '줄탁동시(啐啄同時)'라는 말입니다.

줄(啐)이란 병아리가 막 껍데기를 깨고 밖으로 나오려고 할 때 안에서 쪼는 것을 뜻하고, 탁(啄)은 어미 닭이 밖에서 쪼는 것을 뜻하며, 이 두 가지 동작이 동시에 이루어지는 바에 따라 비로소 병아리가 탄생하게 됨을 뜻하는 것입니다.

혹자는 '촉탁동시(嘴啄同時)'라고도 표현하고 있습니다. 병아리와 어미 닭이 안팎에서 적기(的機)에 함께 쪼을 때 병아리의 새 생명이 구곡(舊穀)을 벗고 탄생하게 됨을 뜻하는 것입니다.

이 경우 중요한 것은 먼저 병아리는 구곡을 벗고 새로운 삶을 찾으려는 주체적 자기 활동이 선행되어야 하는 것이며, 어미 닭은 적기를 포착하여 꼬투리를 떼어주는 활동이 있어야 하는 것입니다. 병아리의 내적 자기성숙(自己成熟)과 자각(自覺)에 의해 탈곡(脫殼)하려는 각고(刻苦)의 노력, 즉 '주체적 자기활동'이 없음에도 어미 닭이 달걀을 쪼는 것은 무의미한 행동에 그치고 마는 것입니다. 병아리가 막 껍데기를 깨고 밖으로 나오려고 할 때 안에서 쪼는 활동이 없음에도 불구하고 어미 닭이 일방적으로 달걀을 쫀다든가, 병아리의 이 같은 활동이 절정에 이르렀음에도 그 적기를 놓친다면 병아리에게 새 삶은 기대할 수 없는 것입니다.

따라서 어미 닭에게 요청되는 것은 다음과 같습니다.

첫째, 때가 무르익도록 달걀에게 적절한 온도를 유지해 주는 적극적인 노력이 있어야 하며,

둘째, 결정적 시기가 올 때까지 끈질기게 참고 기다리는 인내가 필요하며,

셋째, 달걀 속 병아리의 주체적 자기활동이 있는 적확(的確: 확실한 시기)한 계기를 포착하는 예리한 직관력과 실기하지 않는 민첩한 대응활동이 있어야 합니다.

위의 논지에서 줄탁(啐啄)의 비유를 음미해 볼 때 교육이란 우선 학습자로부터의 내면적 자각에 의한 주체적 자기 활동이 전제되어야 하는 것이며, 교사란 이 같은 분위기가 무르익도록 꾸준히 노력하면

서 참을성 있게 기다려줄 줄 알아야 하며, 또 적기(的機)를 놓치지 않는 직관적 지혜와 기민성이 있어, 이 같은 양자가 기연(機緣)에 의해 적절한 만남이 이루어져야 하는 것임을 잘 나타내 주고 있습니다.

예컨대 자기주도적학습(자기주도적+학습)과 줄탁동시학습(줄탁동시+학습)은 본질적으로 동일한 속성을 지니고 있습니다. 더불어 '줄탁동시'를 '현대수업기술'과 융합하여 '줄탁동시적 수업기술론(啐啄同時的 授業技術論)'으로 명명하여 사용한다 할지라도 잘못된 용어는 아닐 것입니다. 줄(啐)은 학습자로부터 질문 활동을 가리키는 것이며, 탁(啄)은 교사로부터의 응답활동을 가리킬 수 있어, 이 양자 간의 적절한 문답관계의 성립이야말로 수업 활동의 극치이기 때문입니다.

'자기주도적학습'이라는 의미는 현대교육론에서 '자기주도적학습(self-directed learning)'이라는 교육 용어로 회자되었으나 동양에서는 이미 공자시대로부터 자기주도적학습이 형식적인 교육이든 비형식적 교육이든 최소한 줄탁동시(啐啄同時)라는 사자성어로 교육에 용해되어 실천되어 왔습니다.

이제 교수(가르치는 선생님과 학습도우미)의 입장에서 애들 스스로가 주체가 되어 먹을 것을 찾아 궁리하고 파헤치는 자기주도의 노력에 도우미로서 역할에 충실해야 합니다. 이와 반대로 애들에게 먹여주고 배를 채워주는 교수의 역할은 학습의 미아를 산출하는 어리석은 방법입니다.

무엇 때문에 공부를 하는지를
먼저 깨닫도록 한다

목적지를 모른 채 자동차를 몰고 가는 기사가 있다면 어떨까요? 수고와 휘발유만 낭비할 뿐입니다. 마찬가지로 공부를 해야 하는 목표가 분명하지 않은 채 공부를 한다면 어떤 결과가 일어날까요? 공부에 대한 흥미를 잃을 것은 당연하고 성적 또한 낮을 것이 뻔합니다.

무엇보다도 일차적인 명제는 필요에 의해서 자기 스스로 공부해야하는 까닭을 먼저 파악해야 합니다. 우리는 자기 스스로 공부하는 태도를 주체적인 학습태도라 일컫습니다. 그리고 공부를 해야 하는 까닭은 공부하는 목적입니다. 학생 개개인이 공부하는 목적이 파악되지 않고서는 주체적인 학습태도가 형성되지 않습니다. 공부를 해야 하는 목적이 명확히 정립되면 누가 시키지 않아도 스스로 책상 앞에 앉습니다. 공부를 해야 하는 목적이 명확히 정립되지 않는 학생을 억지로 책상 앞에 앉도록 한다면 비록 공부를 한다고 할지라도 능률이 없고 공부하고 싶은 의욕은 상대적으로 낮아집니다.

학교에서 선생님은 단위 시간에 '무엇을 어떻게 이해하도록 한다'는 학습목표(학습문제)를 먼저 제시하고 수업을 진행합니다. 학생 개개인도 '왜 나는 공부를 열심히 해야 하는가?'를 파악한 이후에 공부에 임하게 되면 목표가 뚜렷하기 때문에 공부에 매진해야 하겠다는 동기가 형성됩니다. 이럴 때야 비로소 일 차적인 목표라고 할 수 있는 주체적인 학습 태도가 확립됩니다.

다음은 자신의 능력에 맞는 학습방법을 세워야 합니다. 집을 짓기 위해서는 건축 설계도가 있어야 하듯이 공부하는 데에 있어서도 '학습 설계도'가 필요합니다. 집을 지을 때 주어진 땅과 자재, 건축에 소요되는 자금 등을 고려하여 설계하는 것처럼 '학습 설계도'도 현재 자신의 학습능력과 여건에 맞게 짜야 합니다.

물론 자신의 학습능력을 객관적으로 점검하는 것은 쉬운 일은 아닙니다. 특히나 요즘은 초·중등학교에서 시험을 보는 일을 가능한 억제하고 있는 형편이어서 자기의 학력 위치를 가늠하는 일은 어렵습니다. 고등학교에서는 학교 안에서의 석차, 전국적으로 자신의 학력 위치, 대학 입학 선발 기능 위주의 평가를 실시하고는 있지만, 정작 중요한 것은 자신의 학습능력을 진단하는 데에는 큰 도움이 되지 않습니다. 그러나 상대적으로 상대와 비교하여 나의 획득 점수가 낮은 교과 공부는 열심히 해야 하고, 한 교과 중 영역별 점수가 낮은 영역에서는 더욱 시간을 투자하여 열심히 해야 합니다. 공부를 열심히 하여도 획득한 점수가 낮거나 학습내용이 이해가 가지 않는다면 해당 교과의 기초 공부를 차근차근 다시 해야 합니다.

학부모들께서는 국어, 수학, 영어 등 지적 교과의 공부를 잘하면 학력이 우수하다는 고정관념에 치우쳐 있습니다. 그러나 학교교육과정에 편성된 모든 교과는 인간이 교육을 통하여 습득해야 하는 지식과 기능, 윤리적인 지식, 심미적인 능력, 건강과 보건 능력을 갖추게 하여 인간다운 삶을 추구하도록 하는 지혜를 담고 있습니다. 아무리 지적 능력이 우수할지라도 심미적인 개성과 적성이 없다면 예술적인 분야에 보다 수준 높은 능력을 획득하기 어렵고 그 분야에서 성공하기가 쉽지 않습니다. 훌륭한 성악가와 화가들은 심미안적인 혜안 능력이 우수하며 심미안적인 개성을 바탕으로 지속적이고 피나는 노력을 거듭해야만 능력을 인정받게 됩니다. 훌륭한 예술가와 수준 높은 운동 능력을 지닌 분들은 모든 이에게 존경을 받고 또한 그들은 삶의 질을 높이는 데 큰 영향을 미치고 있습니다. 한 인간이 어느 분야에서 할 수 있다는 것은 그 사람의 전문적인 지식(know how)이고 능력입니다.

　'학습 설계도'도 지적 교과뿐만 아니라 예체능 교과, 사회과학 및 자연과학 등 제반 교과 분야에서 자신의 학습능력을 냉철히 진단하고 거기에 맞는 계획을 세우는 것, 즉 '학습 설계도'를 만드는 일은 자기주도적 학습능력을 기르기 위한 시작입니다.

　먹여주는 공부는 가다가 중지합니다. 목표를 추구하기 위해 스스로 먹이를 만들어 먹는 자기 공부는 마침내 꿈을 이루어 성공한 삶과 행복한 삶을 맞이합니다.

지식을 얻으면
전략가이나 지혜를 얻으면 명장이다

　미국 주립대학협의회 회장인 제임스 애플베리(James B. Appleberry)
는 인류에 의해 소유된 지식의 총계가 1900년에서 1950년까지 2배
로 증가했고, 그 후 10년 만에 2배씩 증가하다가 5년 만에 배가 되
고, 2020년에는 73일마다 지식이 배로 늘어날 것이라고 주장했습
니다.

　그런데 이런 지식의 폭발적 증가가 불확실을 밝혀주기는커녕 불
확실성을 더욱 증가시키고 있는 현실입니다. 역설적으로 지식의 증
가는 곧 불확실성의 증가를 의미하기에 지식보다는 지혜가 필요함
을 알 수 있습니다. 기초기술연구회 이사장인 유희열 부산대 석좌
교수는 지식(知識)과 지혜(智慧)를 차별화하여 설명하고 있습니다.

　지식은 '배우거나 실천을 통해 알게 되는 명확한 인식이나 이해'
인 반면 지혜는 '사물의 이치를 깨닫고 이를 처리하는 지적인 능력'
이라 했습니다.

　구체적으로 지식은 단순히 사물의 진위를 식별할 수 있을 뿐이
지만 지혜는 이를 넘어 사물의 미추(美醜)와 가치까지 판별하게 합

니다. 주어진 것을 있는 그대로 받아들인 것이 지식이라면 지식의 축적을 통해 사물의 이치를 꿰뚫는 능력인 통찰력을 키운 것이 지혜입니다. 지식으로 좋은 대학을 나올 수 있겠지만, 사업에서는 성공하기 힘듭니다. 지식으로는 전략가는 될 수 있지만 지혜로운 명장은 될 수 없습니다. 하지만 지혜로운 사람은 대학뿐 아니라 사업이나 인생의 모든 면에서 성공할 수 있습니다. 즉 지식이 정태적(情態的)인 창고이면 지혜는 실천을 강조하는 동태적(動態的)인 창조의 샘물이기 때문입니다. 세상을 개척하는 사람은 지식의 힘이 아니고 지혜입니다.

그렇습니다. 지금까지도 그렇게 하여 달려왔지만, 미래사회는 더더욱 배우고 익힌 지식을 바르게 사용하는 지혜가 필요한 시대입니다. 지식을 쌓은 양적인 변화도 중요하지만, 지혜로 질적인 변혁을 가져오게 하는 자기주도적학습을 성찰하도록 힘을 키워야 합니다.

공부는 내가 하는 것이지 남이 해주는 것이 아닙니다. 남이 해주는 공부로는 지식을 많이 얻을 수 있지만 지혜는 얻을 수 없습니다. 지혜를 갖추는 것은 오로지 내 몫입니다. 지혜를 얻기 위해서는 내가 공부해야 합니다. 바로 이것이 자기주도적학습입니다.

학생들의 입장에서 지식에 충만한 공부를 하기 위해서는 학원에서 공부하는 방법이 최고일 것입니다. 자기주도적학습은 학습에 대한 학생의 생각과 의지가 무엇보다도 중요합니다. 학습의지가 없는 학생에게 학교수업이 그저 그런 것처럼 학원수업 또한 무의미합니다. 학원수업에서 가만히 의자에 앉아 선생님에게 집중하거나 개인지도를 받아 과제를 해결하는 것이 진정한 자기주도의 공부는 아닙니다. 학원에서 터득한 지식은 단기간 내에 많은 지식을 얻을 수는 있겠지만 미래를 헤아리는 지혜를 얻기에는 어렵습니다. 학원에서 배우고 나서 외워야 하는 지식, 배우고 나서 이해하지 못한 지식은 얼마 못 가서 잊어버리는 쓸모없는 지식이 될 가능성이 높기 때문이다.

스스로 학습법을 찾아 공부하는 것은 스스로 자신의 행복을 찾는 길이기도 합니다. 타율적인 공부법은 타율적인 삶을 낳고, 언젠가 혼자 남겨지게 되면 무엇을 해야 할지 모르는 시점에 봉착하게 됩니다. 수동적으로 타인에 의해 계획된 삶을 살아온 학습자는 자신의 삶을 책임지지 못하고 타인에게 의존하는 데 익숙해져서 자신의 잠재능력이 무엇인지, 어떤 것을 잘할 수 있는지에 답을 찾지 못한 채 사회에 나와 방황의 시기를 맞게 될 것입니다. 반대로 자기주도학습자가 된다는 것은 자신의 삶을 스스로 개척해 나갈 수 있으며 새로운 세상을 개척하는 에너지원입니다.

미국 명문대학 10곳에 동시에 합격할 수 있었던 원희 이야기를 소개합니다.

해외 거주 경험은 물론이고, 한 달 이상 어학연수를 받아 본 적도 없었던 원희. 이런 그녀가 민사고에 들어가고 미국 10개의 명문대에 동시에 합격할 수 있었던 것은 중학교 때부터 가졌던 '스스로 계획해서 공부하기' 덕분이었습니다. 시간 관리를 철저히 해서 자투리 시간도 낭비하지 않도록 체계적이고 구체적인 계획을 세우고 실천해 나간 것이 지금의 원희를 있게 한 것입니다. 또 수업시간에 선생님 말씀을 최대한 집중해서 들으며 말 한마디도 놓치지 않으려고 노력했고 선생님께서 칠판에 적는 필기를 매우 중요하게 생각했습니다. 다만 선생님께서 칠판에 적어주신 내용을 그대로 옮겨 적지 않고 스스로 묻고 답하는 적극적인 자세를 가지고 자기 나름의 방법으로 이해하고 필기했습니다. 원희가 실천한 '스스로 공부하기'는 공부를 할 때 자기 나름의 사고와 방법을 가지고 능동적으로 하는 것이 중요함을 다시 한 번 증명해 준 것이라 볼 수 있습니다.

물론 자기주도학습자가 되는 길은 쉽게 얻어지지 않습니다. 하지만 개개인의 행복한 미래를 위해 자기주도적인 학습자, 나아가 자기주도적인 삶을 사는 사람이 되기 위한 노력의 주체는 지혜로운 자가 먼저 선택하는 지혜입니다. 남과 경쟁하여 이기기 위한 묘책은 전략가가 되어야 합니다. 전략을 세우는 일은 개인의 몫일 수 있지만 남에게 전략을 빌릴 수도 있습니다. 그래서 전략은 지식에서 얻는 힘에 지나지 않습니다. 그러나 개개인이 자아실현하여 성공한 삶을 영위하는 주체가 되기 위해서는 자기주도적인 노력으로만 맛볼 수 있는 지혜에서 얻습니다.

그렇습니다. 자기주도적인 꾸준한 학습에서 지혜를 발굴하듯이 전쟁에서도 마찬가지입니다. 전쟁에서 이기기 위해 전략을 능숙하게 세우는 사람은 전략가지만, 전략대로 군사를 이끌고 진두지휘한 사람은 명장의 지혜에서 나옵니다. 그래야만 승리할 수 있습니다.

놀이 시간을 확보한 어린이일수록
배움의 즐거움을 만끽한다

"**아동**은 휴식과 여가를 즐기고, 자신의 나이에 맞는 놀이와 오락 활동에 자유롭게 참여할 권리가 있습니다." 1989년 유엔에서 만장일치로 채택된 아동권리협약 중 31조 '놀 권리'에 관한 부분입니다. 협약 당사국인 우리나라도 지켜야 마땅하지만, 오히려 반대의 길을 걸어왔습니다. 그럼, 우리나라의 실정은 어떨까요? 경제협력개발기구(OECD) 29개 회원국 가운데 한국 아동의 삶의 만족도는 꼴찌라고 보고되었습니다. 우리나라 아동의 삶의 만족도에 꼴찌가 되기까지의 가장 큰 원인은 사교육 때문이며, 이로 인하여 실제로 어린이들의 놀이 시간은 거의 없는 실정입니다. 보건복지부의 자료에 의하면 '2013년 아동 절반 이상(52.8%)이 음악, 운동 취미활동 등 여가활동을 하지 않는 것으로 나타났습니다. 우리나라 어린이들은 학교와 학원에서 공부만 강요당하고 있다는 것입니다. 여성가족부 청소년 통계(2016. 5. 4.) 자료에 의하면 초·중·고생 10명 중 7명(68.8%)이 학원 과외, 학습지 등 사교육을 받고 있었습니다. 특히 초등학생은 가장 어린데도 불구하고 10명 중

8명(80.7%)이 사교육에 시달리고 있었습니다. 한국 어린이의 삶의 만족도가 100점 만점에 60.2점(2013년 기준)으로 경제협력개발기구 회원국 국가 중 꼴찌인 것은 어쩌면 당연한 결과입니다.

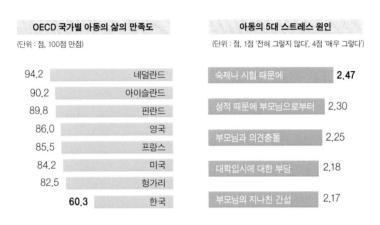

OECD 국가별 아동의 삶의 만족도
(단위 : 점, 100점 만점)

94.2	네덜란드
90.2	아이슬란드
89.8	핀란드
86.0	영국
85.5	프랑스
84.2	미국
82.5	헝가리
60.3	한국

아동의 5대 스트레스 원인
(단위 : 점, 1점 '전혀 그렇지 않다', 4점 '매우 그렇다')

숙제나 시험 때문에	**2.47**
성적 때문에 부모님으로부터	2.30
부모님과 의견충돌	2.25
대학입시에 대한 부담	2.18
부모님의 지나친 간섭	2.17

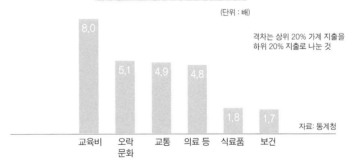

항목별 고소득·저소득 가계의 지출 격차
(단위 : 배)

격차는 상위 20% 가계 지출을 하위 20% 지출로 나눈 것

| 8.0 | 5.1 | 4.9 | 4.8 | 1.8 | 1.7 |
| 교육비 | 오락 문화 | 교통 | 의료 등 | 식료품 | 보건 |

자료: 통계청

더군다나 우리나라 가계의 고소득층과 저소득층 가구의 교육비 격차가 8배까지 벌어진 것으로 나타났습니다. 세대의 소득 격차가

다음 세대로 고스란히 대물림되고 있는 추세입니다. 통계청 자료(2016.5.30.)에 의하면 올해 1분기 기준으로 상위 20% 가계의 교육비 지출은 월 665,461원으로 하위 20% 가계 교육비 지출인 월 83,297원에 비하면 8배나 많은 수준입니다. 그리고 공교육비 7.1배보다는 사교육비에서는 오히려 9.1배로 격차가 더 컸습니다. 상위층 가구와 하위층 가구의 교육비 격차는 다른 지출 항목인 식료품, 의류, 보건, 오락·문화를 포함한 12개 항목과 비교해 볼 때 훨씬 더 크게 나타났습니다. 이와 같은 우리나라의 공교육 및 사교육 실태는 우리나라 어린이들의 삶의 만족도와 직접적인 상관이 있음을 증명해 주고 있습니다.

한편 보건복지부에서 제공한 자료(단위: 1점-전혀 그렇지 않다. 4점-매우 그렇다.) 중 아동의 5대 스트레스 원인을 살펴보면, 숙제나 시험(2.47), 성적 때문에 부모님으로부터 받은 스트레스(2.30), 부모님과 의견 충돌(2.25), 대학 입시에 대한 부담(2.18), 부모님의 지나친 간섭(2.17)으로 나타났습니다. 아동의 스트레스를 유발하는 원인 모두가 '공부로 인한 스트레스'와 '공부에 대한 부모님의 지나친 욕심' 때문입니다. 공부에 대한 스트레스와 부모님의 지나친 간섭 내지 욕심은 우리나라의 전통적인 '공부제일주의'로 빚어진 현상입니다. 이러한 교육풍토에서 심신이 건강한 청소년을 기대하고 모두가 다양성이 있는 인재로 키우기란 기우에 지나지 않습니다.

존 가트맨(John Gottman)의 『내 아이를 위한 사랑의 기술: 감정코치』에는 자녀와 소통을 위한 좋은 방법이 소개되고 있습니다. 감정코치를 받은 사람이 그렇지 않은 사람보다 건강하고, 학업성적이 우수하며, 교유관계가 원만하며 긍정적인 감정에 많이 노출되어 정서적으로 안정되어 있기 때문에 자신의 잠재능력을 발휘하는데 좋은 조건을 갖추고 있다는 것입니다. 부모의 뜻대로 자녀를 만들기 위해 공부하라고 강요하고 간섭하기보다는 부모는 놀이하는 시간을 통해 자녀와 함께하면서 감정을 코치하는 멘토 역할을 할 때 감정을 자유롭게 표현하여 스트레스를 제거하고 스스로 문제를 해결하는 방법을 터득하게 됩니다.

　이처럼 놀이 시간 부족으로 인한 문제점을 해소하는 방안으로 각 시·도교육청에서는 놀이 시간 확보에 다양한 시책을 강구하고 있으나 예산 부족 등의 이유로 여전히 공부 중심으로 운영되고 있습니다. 서울특별시교육청의 경우에는 20~30분 정도 놀이 시간을 운영하라고 권고하고 있어 점차 개선되리라 기대한다고 합니다. 선진 외국에서는 오히려 놀이정책을 더욱 확대하는 추세입니다. 영국은 교육과 놀이 기회를 공평하게 제공하기 위해 놀이정책 계획을 수립하여 전 지역에서 안전하고 흥미를 끌 수 있는 놀이터와 공원을 만들고 놀이 관련 전문 인력을 양성하고 보급하고 있습니다. 프랑스 역시 학습량을 줄이고 여가, 취미, 스포츠 활동 시간을 확대하고 있습니다. 그래서 영국이나 프랑스 국가 등은 삶의 만족도가 상위권입니다.

놀이 시간 확보를 소홀히 하고 상대적으로 공부 시간을 많이 확보한 국가일수록 우수한 인적자원이 많으며 지식강대국의 대열을 선도하고 있다는 유추해석을 한다면 큰 오류일 것입니다. 오히려 자라고 있는 어린이들에게 맘껏 뛰놀고 다양한 취미와 여가활동을 갖도록 하는 등 놀이 시간을 확보해 주어 개개인의 적성을 발굴하고 개성대로 커갈 수 있는 역량을 키워주는 일이 지식 강국으로 발돋움하는 잣대입니다.

꿈은 남이 꾸어준 꿈이 아니고 스스로가 즐거워서 꾼 꿈이어야 미래의 삶을 개척해 갈 수 있습니다. 스스로가 꾼 꿈은 놀이 활동에서 얻는 힘이 큽니다. 놀이 활동에서 얻는 꿈이어야 꿈을 실현하는 과정에서 다가오는 어려움도 즐겁고 슬기롭게 감내하며 위기를 극복할 수 있는 힘이 만들어집니다. 이제 우리 어린이들이 놀이를 통해 내가 갖고 있는 장점이 무엇이며 무엇을 잘해낼 수 있는지를 스스로가 체험할 수 있는 시간과 공간을 마련해주는 일을 간과해서는 안 됩니다. 이 일은 정부에서의 정책적 지원으로 학교의 교육과정에서 실천되도록 강구하고 부모님들께서는 놀이 시간을 제공하여 살아있는 체험공부를 즐기도록 하는 노력이 절실합니다.

놀이 시간을 많이 확보한 어린이일수록 배움의 즐거움을 더 크게 맛볼 수 있을 것입니다.

적정수준불균형 학습방법을 적용하면
공부를 하고 싶어 한다

발달심리학자인 피아제(Piaget)는 학생의 학습
동기를 불러일으키기 위해서는 "적정 수준의 불균형(Optimal Discrepancy)"을 유지시켜 주어야 한다고 했습니다. 피아제는 학생에게
주어지는 수많은 환경적인 자극이나 요구는 학생의 입장에서 볼
때 너무 쉬워서 자신의 인지구조에 아무런 변화도 주지 않는 것에
서부터 너무 어려워서 자신의 인지구조에서 소화해 내기에는 너무
도 벅찬 것에 이르기까지 다양한 형태로 존재한다고 했습니다.

이러한 양극단적인 경우에는 학생의 수준에 적합하지 못한 내용
이 주어지기 때문에 학생의 인지구조에 적정 수준의 불균형이 일
어나지 않아 학생의 학습동기나 학습활동은 일어나지 않습니다.
따라서 학생들이 공부를 하고 싶도록 하는 유인 방법으로 학생의
인지수준과 어느 정도 관련을 맺으면서 동시에 학생 수준에 비추
어 약간 어려운 공부감을 줍니다. 그리고 학생들 자신의 역량에 비
추어 다소 어려워 해결하는데 갈등이 있는 과제, 긴장감을 갖고 내
가 해결하고야 말겠다는 용기를 촉발시킬 수 있는 새롭고 도전적

인 교육내용을 제공해 주도록 합니다.

언어발달심리학자인 비고츠키(Vygotsky)는 발달과 학습과의 관계를 설명하기 위하여 근접발달영역(Zone of Proximal Development)에 접근하는 경험을 학생들에게 제공해 주어야 한다고 주장했습니다. 비고츠키(Vygotsky)는 두 종류의 발달 수준을 구체적으로 학생이 문제해결 상황에서 혼자의 힘으로 해결할 수 있는 실제적 발달 수준과 성인 또는 능력이 있는 사람의 도움을 받아 성취할 수 있는 수준인 잠재적 발달 수준과의 차이를 근접발달영역이라고 설명했습니다. 이 지역은 학습과 인지활동이 일어나는 민감성 지역으로서, 비고츠키에 의하면 학생들에게 근접발달 영역에 있는 다양한 경험들을 제공하는 것이 교육의 역할이라고 했습니다. 즉, 학생들의 발달 수준 영역 안에 있는 지식, 기능, 가치 등을 자극하고 활성화하도록 유도할 때, 학생들이 공부를 하고 싶어 하며 창의성을 유발할 수 있다는 것입니다.

오수벨(Ausubel)은 유의미 언어 학습을 위한 선행조직자(advanced organizers)이론을 제시하여 학습자의 인지구조를 굳혀야 한다고 했습니다. 오수벨에 의하면 학생들이 새로운 개념이나 원리를 학습할 때 이들에게 새로운 내용의 학습을 위한 선행조직을 형성시켜 주면 유의미한 학습이 보다 많이 일어난다고 했습니다. 오수벨의 선행조직자 수업모형은 첫째, 수업목표(공부할 목표)를 명확히 하고 선행조직자(학습자의 학습능력, 출발점 행동 등에 대한 사전 검사를 실시하여 학습자의 인지구조에 수업 내용과 관련된 의미부여)를 제시하는 일입니다. 둘째, 유의미가(有意味價)가 있는 학습과제를 학습자의 인지구조에 의미 있게 관련지어 줍니다. 마무리 단계로 수업시간에 배운 학습내용이 학습장의 인지구조에 의미 있게 관련되었다는 가정하에 중요한 부분을 강조하고 요점을 정리해 주는 일입니다. 오수벨은 이러한 일련의 과정을 "학습자의 인지구조 굳히기"라고 명명하였습니다. 교사들은 학생들에게 지금까지 배운 지식의 내용들이 서로 분리하여 개개의 사실로 존재하도록 가르치는 것이 아니라 전후 학습내용 간에 서로 밀접한 관련을 맺도록 해주어 학습의 효과를 거둘 수 있게 합니다. 결국 학생들의 입장에서는 "학습자의 인지구조 굳히기"가 많을 때 공부를 하고 싶어 하게 됩니다.

다음은 비계설정교육방법을 지향합니다. 비계는 교사의 지도를 포함한 교육적 환경이 학습자로 하여금 계속 새로운 능력들을 구축하도록 도와주는 필수적인 지원 체계를 말합니다. 건물을 짓는 작업을 하는 사람이 건물을 짓고 있는 벽돌이나 블록 위로 올라가서 작업할 수는 없습니다. 계속 위로 올라가는 집을 짓기 위해서는 받침대가 필요하며, 이러한 받침대를 세워나가는 것이 비계설정 작업입니다. 짓고 있는 건물보다 너무 높게 또는 너무 낮게 설정하면 건축 작업하는 일이 불가능하게 됩니다. 제대로 집 짓는 일을 계속해 나가기 위해서는 현재 일하는 높이에 맞게 비계를 설정해야 합니다. 이렇듯 학습자들의 수준에 맞는 비계를 설정해 줌으로써 교육활동이 적합성을 띠게 되고 교육은 궁극적으로 수월성 추구에도 기여하게 됩니다. 따라서 학생들의 다양한 수준에 맞는 비계를 설정해 줄 필요가 있습니다. 즉, 학생의 수준에 맞는 교육내용과 방법을 제공해야 학습의 효과를 거두고 지속적으로 학습에의 적응성을 갖게 됩니다.

길퍼드(Guilford)는 창의성 교육에 관하여 획기적인 이정표를 세웠습니다. 창의성에 관한 미국의 대표적인 심리학자인 길퍼드는 창의성이 발산적 사고에서 비롯된다고 했습니다. 가능한 다양하게 밖으로 이동해 가는 사고능력이 곧 창의성이라는 것입니다. 이는 암기식, 주입식 교육이 좇는 하나의 정답을 향한 "수렴적 사고"와 대비되는 말입니다. 길퍼드는 창의성의 구성 요인을 세분화하여 주어진 자극에 얼마나 많은 양을 보이는가(유창성), 얼마나 새로운 것을 추구하는가(독창성), 문제를 얼마나 정확히 이해하고 세분화시키거나 결함을 매울 수 있는가(정교성), 자신의 지식이나 정보를 얼마나 잘 활용하는가(재구성력)를 제시했습니다.

따라서 수업의 과정에서나 학습지도 과정에서 학생들에게 이와 같은 속성들이 키워지도록 의도적인 학습기회와 학습활동을 조장해 주어야 합니다.

하워드 가드너(Howard Gardner)의 다중지능 교육이 최근에 회자되고 있습니다. 하워드 가드너의 다중지능 이론은 학생들에게 관찰을 통하여 정보를 어떻게 학습하고 처리하는지를 이해할 수 있도록 틀을 제공해 주고 있습니다. 언어적/언어적 지능, 논리적/수학적 지능, 시각적/공간적 지능, 음악적/리듬적 지능, 신체적/운동 감각 지능, 대인관계 지능, 자기이해 지능, 자연친화적 지능 여덟 가지입니다.

교사는 학생들이 다양한 지능을 가지고 있다는 점을 이해하고 학습과정에서나 수업과정에서 학습자들이 효율적으로 받아들일 수 있는 다양한 교수·학습 전략을 활용합니다.

다중지능 교육방법

언어적/언어적 지능	무엇을 읽기, 무엇을 듣기 및 적기, 정보 종합하기, 토론하기, 무엇을 적용하기, 무엇을 재생하기
논리적/수학적 지능	도형 만들기, 도표로 만들기, 무엇을 계열화하기, 분석하기, 추상적인 사고, 비판하기, 증명하기, 자료 해석하기, 숫자 활용하기
시각적/공간적 지능	마인드맵, 그림 해석, 도표 읽기, 시각화하기, 포스터 고안하기, 단어로 모양 구성, 삽화 연구
음악적/리듬적 지능	무엇을 노래하기, 박자 두드리기, 광고노래 만들기, 소리에 반응하기, 음악 연결하기, 시 짓기
신체적/운동 감각 지능	역할극, 도보 여행, 댄스, 립싱크, 몸짓 알아맞히기, 게임 및 무언극 구성, 수학 조작물, 손짓 언어, 몸짓 언어
대인관계 지능	생각 공유하기, 직소우, 협력학습, 학급 미팅, 역할극, 인터뷰, 교우 상담, 동료 교수, 일지 공유하기, 피드백 주기
자기이해 지능	메타인지, 독백활용, 자력학습, 자신의 방식대로 문제해결, 자기이해, 일기 쓰기, 선행지식 활용하기, 무엇을 연계하기, 주인의식 갖기
자연친화적 지능	무엇을 이름 짓기, 무엇을 유목화하기, 가설 설정 및 검증하기, 구성하기, 분류하기, 탐구하기, 패턴 구분하기, 실험 및 확인하기

학생들은 다양한 지능을 가지고 있다는 것은 이미 잘 알려진 사실입니다. 즉, 학생들의 개성은 개개인에 따라 다르다는 것입니다. 때문에 다중지능교육은 학생들의 개성에 따라 거기에 합당한 교육방법을 제공하여 하고 싶은 공부감을 찾아 즐기도록 하는 유용한 교육방법이며 창의성을 발휘하는데 기여하는 효과적인 교육방법입니다.

5장

좋은
텃밭에서
꿈이
자란다

보다 좋은 교육환경은 훌륭한 선생님을 만나는 일입니다.
훌륭한 선생님을 만나면 개개인의 꿈을 키워주고
적성대로 미래를 개척하도록 하는 등
인간의 능력을 키워 인생의 좌표를 설정해 주는
이정표 역할을 해 주십니다.
비뚫어진 방향으로 나가고 있는 학생은
바른길로 인도해 주는 나침반도 됩니다.

학습속도는
학생 수만큼 다르다

교사들은 학생들이 똑같은 시간에 똑같은 속도로 정해진 목표에 도달하도록 바라고 있습니다. 그러나 학생들은 목표에 도달하는 속도가 다릅니다. 그 까닭은 학습 스타일이 다르기 때문입니다. 같은 학습내용을 이해하는 데도 어떤 학생은 교사의 지도에 즉시 이해하는 학생이 있는가 하면, 어떤 학생들은 몇 번을 반복하여야 겨우 이해하는 경우도 있습니다. 하물며 어떤 학생은 더 많은 시간을 요하는 경우도 있습니다. 이와는 대조적으로 어떤 학생은 교사가 지도하고자 하는 학습내용을 도입하자 이미 알아차리고 더 빠른 속도록 후속학습을 진행하는 경우도 있습니다. 이를 보고 교사는 학생의 등급을 가르거나 명석 또는 우둔하기를 가늠합니다.

산 정상을 향해 등정하는 이들이 많습니다. 그러나 등정 속도는 제작기 다릅니다. 어떤 이는 숲을 보면서 어떤 이는 사방을 훑으면서 등정하는 맛을 달리합니다. 그러나 등정하는 이들은 등정 방법과 속도를 달리하면서도 정해진 정상을 다다르게 됩니다. 그렇습니다. 교사는 학생들이 처한 입장에 맞추어 공부하는 방법을 일러 주고 스스로 공부하도록 안내해 주어야 합니다. 이것이 자기주도적학습(Self-Directed Learning) 입니다. 자기주도적학습은 자기가 학습의 주체가 되고 달성 목표도 학습방법도 공부에 투입하는 자료도 스스로 결정하여 문제를 해결하는 과정입니다. 자기주도적학습력을 키우면 배움을 스스로 깨우치고 학습자 자신이 학습의 주도권을 쥐고 자기적성과 능력에 맞추어 공부합니다. 자기주도적학습은 학습자 개개인의 개성화에 따라 속도를 달리할 뿐이지 도달하는 목표는 같습니다.

이제 가르치는 교수자의 입장에서 정해진 목표에 똑같은 속도로 가지 않는다고 재촉하지 말아야 합니다. 42.195㎞를 달리는 사람들은 달리는 속도가 다를 뿐이지, 결승선을 완주하는 것은 똑같습니다.

선생님을 존경하는 국가는
세계를 지배한다

최근 계속되는 교권 추락이 사회문제로 등장하고 있습니다. 과거에는 우수한 두뇌를 지닌 분일수록 교단을 선호했습니다. 그러나 최근에는 우수한 두뇌를 지닌 분일수록 교단을 기피하고 있다고 합니다. 교사가 신명 나야 학생이 행복하고 신이 날 텐데, 교단에 머물고 있는 현직 교사도 정년을 마무리하지 못하고 포기하는 교사가 늘고 있습니다. 학생의 인권존중은 그 무엇보다도 중요하지만 학생인권을 존중하기 위해서는 교권도 존경되어야 합니다. 학생인권과 교권은 상반되는 권리가 아니라 서로 호혜하는 권리입니다

학생인권과 교권의 어느 것이 먼저고 우선이라는 논리는 차이를 조장하는 논리일 뿐입니다. 학생인권을 강조하다 보면 오히려 학생인권의 침해를 자초하는 우를 범합니다. 학생은 존중받고 교사는 존경받는 소프트웨어 교육복지가 동시에 활짝 피어야 학생의 학습권과 교사의 교수권이 보호됩니다.

좋은교사운동 본부가 제공한 자료를 H신문사(2015.5.15.)의 교육지면

에 한국교육의 실상이 상세하게 소개되었기에 이를 재정리했습니다.

전국 초·중·고 교사 623명에게 '요즘 학생들의 선생님에 대한 존경도'를 물었습니다.

요즘 학생들의 선생님에 대한 존경도

반응 내용	반응 정도
매우 많이 존경한다.	2.2%
약간 존경한다.	52.5%
약간 존경하지 않는다.	24.7%
거의 존경하지 않는다.	20.5%
기타	0.1%

다른 반응은 몰라도 선생님에 대한 존경도는 100% 수준에 가까워야 마땅하지 않는가요? 그러나 학생 55% 정도가 '선생님을 존경한다(매우 존경+약간 존경)'는 수준으로 반응했습니다.

이 반응은 요즘 한국의 교육현장의 실상을 나타낸 결과입니다. 명예퇴직으로 학교를 떠나려는 교사는 매년 급증하고 있습니다. 교사는 가르치는 일보다 행정업무에 치이고, 학생들은 대드는 데다 학부모들의 등쌀도 불편하기 때문입니다.

이번에는 학생 755명에게 학교 선생님에 대한 존경도를 물었습니다. 그래도 학생 87.8%는 '선생님을 존경한다(매우 존경+약간 존경)'고

답했습니다.

학교 선생님에 대한 존경도

반응 내용	반응 정도
매우 많이 존경한다.	40.6%
약간 존경한다.	47.2%
약간 존경하지 않는다.	8.0%
거의 존경하지 않는 편이다.	4.1%
기타	0.1%

교사들은 위상 추락과 그에 따른 사기 저하를 공통적으로 느끼고 있지만, 학생들은 교사들이 예상하는 것보다 훨씬 더 많이 존경하고 있다고 반응했습니다. 좋은 교사 운동의 설문조사에 따르면 '학생들이 교사들을 존경하고 있다.'는 말에 대해 교사들은 54.7%만 긍정적(매우 존경+약간 존경)이었지만, 학생들은 그 비율이 87.8%나 됐습니다. 특히 '매우 존경한다'는 응답을 예상한 것은 교사들의 경우 2.2%에 불과했지만, 학생들의 40.6%는 '매우 존경한다'고 답해 큰 차이를 보였습니다. 이 결과는 '교사들이 생각한 것보다 학생들이 실제로 교사들에 대해 가지는 인식은 긍정적'이라고 평가했습니다.

여론조사기관 한국갤럽이 전국 19세 이상 남녀 1,005명을 대상으로 설문하였습니다.

국민들이 생각하는 학교 선생님에 대한 학생 존중도(%)

약간 존중받지 못한다	49.9
매우 존중받지 못한다	33.3
약간 존중받는다	13.7
매우 존중받는다	3.0

설문조사한 결과 10명 중 8명(83%)은 '교사들이 학생에게 존경받지 못한다고 생각한다(약간 존중 못함+매우 존중 못함)'고 답했습니다. '존경받고 있다(약간 존중+매우 존중)'고 응답자는 17%에 불과했습니다. 한국갤럽은 '경쟁 입시 위주 교육이 사교육을 부추기고 사교육 비중이 커지면서 공교육은 더 후퇴하는 상황이 반영된 결과라고 보인다'고 분석했습니다. 경쟁에서 이겨야 하는 사회 분위기가 공교육의 현장인 학교와 교사에 대한 인식을 왜곡시켜 온 셈입니다.

따라서 교사는 학생들을 실천적으로 존중하고 학생은 교사를 존경하는 학교문화를 확산하도록 지원체제 모형을 구축하고 확산해야 할 필요성이 있습니다.

좋은교사운동 본부에서는 존경과 존중이 상존하는 학교문화를 구축하는 방안으로 설문 결과를 제시했습니다.

친밀한 사제지간의 이유(%)

선생님이 수업을 재미있게 하실 때　42.7

개인적인 상담을 할 때　18.6

소풍·수학여행을 갔을 때　12.9

학생이 선생님 말씀을 잘 들을 때　12.3

선생님이 맛있는 것을 사 주실 때　6.6

기타　4.4

없음　2.5

소원한 사제지간 이유(%)

학생들의 무례한 태도　37.9

선생님의 권위주의적 태도　30.6

선생님의 관심·열정 부족　17.3

학교의 교칙　7.6

선생님이 맛있는 것을 사 주실 때　6.6

없음　4.3

기타　2.4

최소한 이 자료를 근거로 존경과 존중이 상존하는 학교문화를 구축하기 위해서는 교사와 학생이 각각 노력해야 할 일이 있음을 일러주고 있습니다. 선생님은 따뜻하게 학생들을 지지해 주고 상호 신뢰하는 학습환경이어야 합니다. 질 높은 학습은 따뜻하게 지지해 주는 분위기에서만 성취될 수 있습니다. 가르치는 교사와 배우는 학생들과의 관계가 대립적이라면 이런 분위기는 형성될 수 없습니다. 선생님과 학생들 간에 든든하고 친밀관계가 형성되어야 함은 물론이고, 선생님이 주체가 되어 학생들 사이에, 선생님과 학생, 학부와의 관계에서도 친밀감과 신뢰감이 우선 형성되도록 해야 합니다. 다음은 교사가 학생들의 눈높이에서 즐겁게 재미있게 그리고 허용적인 분위기에서 학생중심 수업이 전개되도록 해야 합니다. 학생들의 어려움과 고충을 덜어주고 학생들이 털어놓을 속내에 공감하는 친구가 되어주는 조력자 역할에 충실할 때, 학생들은 선생님께 무례한 행동이나 언행이 줄어들고 선생님을 존경할 것이라 생각됩니다.

고래로부터 교육의 주체는 교사이지 학생이 아닙니다. 학생은 피교육자이며, 입학하여 졸업하는 과객입니다. 학교의 주체도 교사이지 교장, 교감이 아닙니다. 교사는 교육의 알파이며 오메가입니다.

『여씨춘추(呂氏春秋)』의 '존사(尊師)'편에도 교사의 존귀함이 잘 나타나 있습니다. "중국의 고래로부터 모든 성인이 스승을 존귀하게 섬기지 않은 자가 없었다(未有不尊師者也)."라고 말합니다. 스승을 존귀하게 생각하지 못하는 사람은 결국 큰 인물이 될 수 없다는 뜻입니다. 스승을 만나본 적이 없는 자가 대인(大人)이 될 수 없다는 것입니다.

다시 한 번 선생님의 힘을 되새겨 봅시다. 한 국가의 미래는 청소년들에 달려있다고 합니다. 배우는 학생들에게 교육을 통하여 인간의 능력을 키워주고 올바른 판단력을 길러주며 건강한 사회를 만들어주는 역할은 교육의 힘입니다. 이는 곧 선생님의 몫입니다. 한국이 오늘날 잘사는 선진국 대열에서 당당히 얼굴을 내밀고 있습니다. 이의 원인은 모두가 교육의 힘이라는데 의견이 일치하고 가르치는 선생님이 있었기에 가능했습니다.

예컨대 교육이 국력이며, 국력을 키우는 산파자는 교사입니다. 때문에 선생님을 존경하는 문화가 자리 잡는 국가는 세계를 지배합니다. 미국이 세계를 선도하는 최강국이 될 수 있는 것은 오대양 6대주의 다양한 인재들이 미국에 모여 꿈과 끼를 발현할 수 있는 기회의 나라로서 우수한 교육자가 우수한 교육을 펼칠 수 있기 때문에 가능합니다. 그리고 서부 유럽이 잘사는 바탕에는 우수한 두뇌를 지닌 존경받는 교육자의 힘이 있었기에 가능했습니다.

교육은 좋은 환경에서
더 잘 이루어진다

부모가 자식을 교육시키는 방식은 다양합니다. 맹모삼천지교(孟母三遷之敎)라 했습니다. 맹자(孟子)의 어머니가 자식인 맹자의 교육을 위해서 세 번이나 이사(장소만 세 곳일 뿐 실제로는 공동묘지 근처에서 시장으로, 시장에서 서당 근처로 두 번 이사했음)했습니다. 공동묘지에서 시장 근처로 마지막으로 서당 근처로 집을 옮겼더니 맹자는 학생들이 공부하는 모습과 제사상을 차리는 법, 예의를 갖춰 인사하는 행동 등 바람직한 모습을 보였습니다. 좋은 교육을 위해서는 교육환경이 중요함을 일러주고 있습니다.

우리나라 서울의 8학군을 지칭하면서 빈부의 차를 빗대 바람직하지 못하고 씁쓸한 우스개 소리로, 서울의 강남에서 자란 유자나무를 강북으로 옮겨 심으면 탱자가 열리고, 강북에서 자란 탱자나무를 강남으로 옮겨 심으면 유자가 열린다는 이야기가 유행한 적이 있습니다. 이 지역은 몇 년 전에 지극히 일부 잘사는 학부모의 치맛바람이 불고 오늘날은 사설학원과 명문학교가 많아 현대식 교육 인프라를 갖춘 교육환경이라 말해도 될런지오? 아무튼 이 지역은 잘사는 이들의 입장에서 보면 좋은 교육환경이라 합니다. 그러나 잘사는 자의 자녀가 적응하기 좋은 곳이라 사회의 지탄을 받고 있기도 하나 우수한 학생들의 배출이 많아 상위 그룹 대학교 진학률이 높다고는 합니다. 오늘날 첨단 지식산업군을 형성하고 있는 미국의 실리콘벨리 같은 지역과 같은 곳이라고 할까요? 그렇다고 필자는 서울 강남 학군을 맹신하지는 않습니다만 시대적인 여건으로 봐 공부하기에 보다 유리한 환경임에는 이론의 여지가 없다고 생각됩니다.

요즘에는 개천에서 용이 난다는 말이 옛말이 되었습니다. 인적, 물적 교육환경이 갖추어진 좋은 곳에서 자라고 자녀 학습에 관심이 많으며 학습의 과정에 도우미 역할을 톡톡히 할 수 있는 능력을 갖춘 부모님 슬하에서 자란 학생들에게 우수한 교육환경을 갖추어졌다고 할 것입니다. 반면 공부하는데 적합하지 못한 교육환경일지라도 이를 거울삼아 오히려 어려움을 이기고 최선을 다하는 학생도 없지는 않습니다. 의지가 남다른 학생 입장에서 보면 어려운 교육환경이 오히려 약이 될 수 있는 교육환경으로 탈바꿈할 수 있습니다.

서양의 대표적인 인물로는 괴테 어머니가 있습니다. 괴테 어머니는 괴테에게 책을 읽어줄 때마다 뒷부분의 결말을 읽어주지 않았다고 합니다. 한창 분위기가 고조되는 부분에서 책을 덮고 나머지는 괴테의 몫으로 남겨놓았다고 합니다.

과연 괴테 어머니가 의도했던 것은 무엇일까요? 괴테 어머니는 아이에게 이야기를 읽어줌으로써 두뇌 계발과 학습효과를 높이기도 하지만 또한 이야기의 빠진 부분을 아이 스스로 채우게 함으로써 창의적 상상력과 자기주도적 문제해결능력을 자연스럽게 몸에 익히게끔 하는 것입니다.

부모들은 자녀들에게 동화책을 읽어줍니다. 아이들은 부모가 읽어주는 동화책을 들음으로써 언어능력과 표현능력을 배우게 됩니다. 그러나 조금만 더 관심을 기울이면 놀라운 효과를 얻을 수 있습니다. 즉, 동화책을 끝까지 읽어주는 것이 아니라 나머지 부분을 아이들이 스스로 만들어보게 하거나 동화책을 읽은 후 아이에게 내용과 관련해서 질문을 하는 것입니다. 아이는 질문을 받고 대답을 하는 과정에서 자연스럽게 내용정리, 탐구, 통찰, 추리, 창의적 상상, 표현 등의 사고활동을 하게 됩니다.

여기서 학습과 교육의 과정과 구조를 이해하면 자연스럽게 적용할 수 있게 됩니다. 학습이란 환경으로부터의 외부 자극을 통해 신경회로망이 형성되는 과정을 말합니다. 교육이란 두뇌의 신경회로망을 만들어 가는 데 필요한 외부로부터의 자극을 제어하고 보완하는 과정입니다.

맹자의 어머니, 괴테의 어머니, 동화책을 읽어주는 부모님들은 학습을 통해 구축되는 신경 회로망의 활동을 결정하기 위해 의도적, 계획적, 조직적으로 외부로부터의 자극 정보를 제어하고 보완하는 행위를 했습니다. 누구나가 맹자의 어머니가 될 수 있고 괴테의 어머니가 될 수 있습니다. 이러한 교육의 과정과 구조를 잘 이해한다면 우리 아이들에게 보다 효율적이고 효과적인 교육을 할 수 있는 좋은 교육환경입니다.

교육성과가 결정되는 연구 결과는 공통적으로 드러나는 것이 가정의 사회적 배경인데 그중에서도 경제적 배경보다는 문화적 배경이 더 중요하다는 결과가 도출되었습니다. 그래서 서구 유럽에서는 가정의 문화적 배경의 중요성을 강조하기 위해 '문화자본(Cultural Capital)'이라는 용어를 사용합니다. 좋은 교육을 위해 풍부한 교육적·문화적 환경을 제공해야 한다는 당위성을 말해주고 있습니다.

예컨대, 교육은 좋은 환경에서 더 잘 이루어집니다. 교육의 환경은 교육이 이루어지고 있는 학교환경, 학교도서관, 지역사회의 여러 교육시설 그리고 가정환경과 더불어 배우는 학생과 관계된 인간들일 것입니다.

그렇지만 가장 좋은 교육환경은 좋은 선생님이십니다. 그런데 요즘은 명문학교에 많이 입학시켜 주는 선생님, 교과 점수를 높이는 선생님이 훌륭한 선생님으로 대접받고 있습니다. 물론 명문학교 들어가게 하는 것도 교과 점수를 높이는 일도 선생님의 역할 중에 속합니다. 그러나 보다 좋은 교육환경은 훌륭한 선생님을 만나는 일입니다. 훌륭한 선생님을 만나면 개개인의 꿈을 키워주고 적성대로 미래를 개척하도록 하는 등 인간의 능력을 키워 인생의 좌표를 설정해 주는 이정표 역할을 해 주십니다. 비뚤어진 방향으로 나가고 있는 학생은 바른길로 인도해 주시는 나침반 역할도 해주십니다. 훌륭한 선생님은 이처럼 인간교육을 실천합니다. 그래서 선생님은 사표(師表)라고 부릅니다. 선생님은 학교 선생님만이 아닙니다. 부모도, 친구도 역사 속의 인물도 훌륭한 선생님일 수 있습니다.

경제학을 전공하시고 교육에서 큰 자취를 남기신 우리 세대의 큰 스승이시자 지성인 신영복 교수님은 "친구가 되지 못한다면 좋은 스승이 아니고, 스승이 될 수 없다면 좋은 친구가 아니다."라고 하셨습니다. 교육이 있는 곳에 스승이 주는 교육환경에 대한 메시지를 던지신 말씀입니다.

그릇의 크기가 커야
더 큰 고기로 키울 수 있다

학생 개개인에게 적절한 학습전략과 학습을 할 수 있는 강화 또는 환경적인 조력을 적극적으로 만들어 주어야 합니다. 비단 잉어에 속하는 '코이'라는 고기가 있습니다. 이 고기는 다름이 아닌 애들을 키우는 한계에 따라 꿈을 이루는 가능성이 달라진다는 이야기입니다. 코이라는 작은 고기를 어항에서 키우면 10㎝까지 자라지만 연못에 넣어두면 30㎝까지 자라고 강물에 풀어주면 100㎝까지 자란다는 놀라운 사실입니다. 우리 애들은 지금 어느 정도 크기의 그릇에서 키우고 있나요? 집안뿐인가요? 학교뿐인가요? 아니 집과 학교를 벗어난 울타리 밖인가요?

사람 역시 환경의 영향을 받고 자랍니다. 본디 사람들은 누구나 100%의 능력을 가지고 있지만 처한 환경에 따라 10%만의 능력을 발휘할 수도 있고 50%의 능력을 발휘할 수도 있습니다.

이 이야기가 주는 메시지를 이해하는 데는 어렵지 않습니다. 부모와 선생님께서는 자라는 우리 애들에게 다양한 환경을 접하도록 하여 생각의 크기를 넓혀 주어야 합니다. 어항의 깊이와 넓이,

바다의 깊이와 넓이를 비교해 보면 짐작이 가능합니다.

대부분의 교육 심리학자들은 유전적인 요인보다는 생후의 환경에 의한 경험이 지능발달에 중요한 영향을 미친다고 주장합니다. 특히 발달 초기 환경의 질이 개인의 발달에 심각한 긍정적 또는 부정적 영향을 미친다고 주장합니다.

교육자들은 이와 같은 주장을 어떻게 해석할 것인가요? 유전적인 요인은 교사가 좌우할 수 있는 것이 아니지만, 환경적인 요인은 어느 정도까지는 교사가 좌우할 수 있다는 논지일 것입니다. 이제 자식을 키우는 부모와 가르치는 교사들에게 던지고 싶은 말은 분명해진 것 같습니다.

학생들에게 성취할 수 있는 기대 수준을 설정하고 애들의 꿈을 펼칠 수 있도록 학습 공간을 넓혀주어 탐구하고 생각하는 학습경험의 장을 보다 많이 마련해 주어야 마땅합니다. 개인적으로 얼마만큼 크기의 환경 속에서 꿈을 꿀 수 기회를 제공하고 경험을 맛보게 하느냐에 따라서 개개인의 인생의 폭이 달라진다는 것입니다.

꿈을 꾸게 하는 그릇의 크기가 클 때 애들의 인생도 달라집니다.

천재는
환경에 의해 만들어진다

천재는 탄생하는 하는 것이 아니라 환경에 의해서 만들어집니다. 천재가 등장할 수 있는 환경이 천재를 만들어 내기 때문입니다. 그것이 말콤 글래드웰의 『아웃라이어』에서, 하워드 가드너의 『열정과 기질』에서, 리처드 플로리다의 『창조적 변화를 주는 사람』에서 강조하는 내용입니다.

말콤 글래드웰은 저서 『아웃라이어』에서 이렇게 이야기하고 있습니다. 우리 주변에서 성공한 많은 사람은 어릴 때부터 비범했고 천재성을 갖고 태어났으며 어려움 속에서 의지를 갖고 엄청난 노력과 성실로 성공한 이들을 부정하지는 않았습니다. 그러나 천재성을 만든 내외적 환경을 보다 더 중요하게 여겼습니다. 개인의 역량과 노력과 함께 최적한 내외적 환경에 따라 성공의 기회가 제공되었다는 점에 집중하고 있습니다.

오늘날에 와서는 '개천에서 용 난다'는 우리나라의 옛 속담에 긍정하는 사람은 많지 않습니다. 한 사람이 성공하기까지는 환경이 뒷받침되어야 좀 더 많은 성공의 기회와 가능성이 열리는 시대이기 때문입니다.

하워드 가드너의 저서『열정과 기질』에서도 다음과 같이 이야기하고 있습니다. "가드너는 '창조성이란 무엇인간?'라는 이 질문을 '창조성이란 어디에 있는가?'로 전환시켜 대답하고 있습니다. 그는 '개인-일-타인'이란 창조성 소재 모형을 제시하고 있습니다. 이 모형에 따르면 개인은 내부의 어떤 분야의 대가(大家: master), 즉 최고가 될 만한 소질을 싹으로서 가지고 태어납니다. 그러나 이것만으로는 창조성을 발휘하는 성인으로 성장 못하고 강화시킬 수 있는 적절한 일의 체험기회(교육 훈련) 등을 필수적으로 가져야 합니다. 이러한 체험의 과정에서 가족, 친구, 경쟁자, 후원자 등으로부터 격려와 지원을 받고 의미가 있는 인간관계의 환경을 형성하여야 합니다."

리처드 플로리다(Richard Florida)의『창조적 변화를 주는 사람』은 창조성이 개인의 영역이 아닌 사회, 환경의 영향을 받는다고 강조했습니다. 그는 이 책에서 창조적 계급이란 창조성을 발휘하여 이윤을 내는 사람들이라고 말하면서, 이와 같은 계급에 속하는 사람들을 법률가에서부터 예술가까지 언급하면서 오늘날의 전문가들은 그들 자신을 법인의 관리나 조직인간이 아닌 광범위한 창조집단의 일원으로 간주합니다. 이 창조 계급에 속하는 사람들의 사고는 태어나면서 자연발생적으로 생기는 것이 아닌 노력에 의한 것이며, 이는 단순히 개인의 영역에 머무는 것이 아닌 사회, 환경의 영향 아래에 놓여 있다고 말하고 있습니다. 또한 이들은 직장을 구할 때 단순히 보수만 보는 것이 아닌 도전과 책임, 융통성, 안정된 직업 환경, 동료들의 인정과 존경, 조직의 문화, 위치와 공동체를 고려해야 한다고 주장하고 있습니다.

리처드 플로리다는 창조집단을 '창조적인 환경에 초점을 두고 고무적인 창조적인 환경, 즉 기회와 문화시설뿐 아니라 다양성에 개방적이고 그들 자신을 다양하게 표현하고, 그들의 독자성을 확인할 수 있는 창조환경을 중시한다'고 했습니다.

오늘날의 경제는 근본적으로 창조적 경제입니다. 리처드 플로리다는 선진국들이 정보 기반의 지식경영의 경제로 이동하고 있다고 말하는 사람들의 의견에 분명 동의한다고 하면서 피터 드러커에 대하여 언급했습니다.

선견지명이 있는 드러커는 이렇게 기술했습니다. "기초적 경제 자원, 경제용어로 말하자면 '생산수단'은 더 이상 자본도 아니고, 자연 자원도 아니며 노동도 아니다. 그것은 지식이고 앞으로도 지식일 것이다."

그러나 리처드 플로리다는 창조성이 지식에서 유용한 새로운 형태를 창조하는 것이며 창조성을 유발하는 주요한 동력이라고 생각하면서 그의 공식에서 '지식'과 '정보'는 창조성의 도구이자 재료이며, '혁신'은 새로운 기술적 인공물의 형태이건 새로운 사업 모델 혹은 방법이건 간에 창조성의 산물이라고 주장했습니다. 지식과 정보마저도 창조성을 유발하는 환경이라고 간주하고 있습니다.

천재는 탄생할까요? 그렇지 않습니다. 우리 민족은 어느 민족 못
지않게 우수한 지능을 소유하고 있습니다. 그런 만큼 우리 민족은
수많은 천재가 잠재해 있습니다. 다만 천재성을 발현할 수 있는 환
경을 마련해 주지 못하고 그들이 활동할 수 있는 공간을 제공하지
못했을 뿐입니다.

참된 지식은
체화된 지식이다

참된 지식은 알고 있는 지식을 실제의 생활에 응용하고 적용하여 새로움을 창조하거나 시너지 효과를 얻을 수 있는 쓸모가 있는 지식을 말합니다. 그러나 알고 있는 지식을 실제 생활에 활용할 수 없다면 쓸모가 없는 지식에 지나지 않습니다. 전자와 같은 쓸모가 있는 지식을 얻을 때는 체험으로 얻은 지식입니다. 필요할 때 곧바로 사용할 수 있도록 지식이 몸에 밴, 즉 '지식의 내면화'가 된 상태입니다. 후자와 같은 쓸모가 없는 지식은 이해 수준보다 낮은 기억하고 있는 지식에 지나지 않아서 문제 상황에 직면했을 때는 활용할 수 없습니다.

창의성을 발휘하는 지식, 활용하여 시너지 효과를 창출할 수 있는 숙성된 지식을 얻기 위해서는 다음과 같은 과정이 필요하다고 『신나는 학습법』의 저자 이용석은 말합니다.

첫째, 제대로 이해해야 합니다. 최근 이해의 개념이 달라지고 있는데, 전에는 객관적 지식만 가지고 있어도 이해했다고 간주했지만 이제는 자신이 지닌 정보를 활용하고 실천할 수 있어야 합니다.

주관적인 자기 지식으로 전환할 수 있어야 합니다. 그렇다면 이해를 제대로 했는지 어떻게 알 수 있을까요? 이해를 제대로 했다면 이해한 내용을 설명할 수 있어야 합니다. 객관적인 지식을 삶의 현장에 적용하는 가운데 터득한 지식, 즉 주관적으로 체화된 지식을 다른 사람에게 확실하게 전하는 걸 말합니다. 이러한 설명은 이해를 전제로 하기 때문에 실천적인 지식의 의미를 지닙니다. 창의적인 부모가 되고 교사가 되기 위해서는 모든 지식이 이해의 바탕 위에서 설명할 수 있는 단계에 이르도록 지도하는 방법이 중요합니다. 객관적 지식을 다른 시간과 장소에서 표현하는 것에 지나지 않은 기술(Description) 수준에 머물러서는 안 됩니다. 애들이 보고 듣고 느낀 것을 다른 사람에게 설명하는 기회를 자주 갖게 하는 설명(Explanation) 수준이 매우 중요합니다.

둘째, 공부에 임할 때는 눈으로 보고 머리로만 학습하는 게 아니라 학습감에 따라 보고, 듣고, 냄새를 맡고, 맛보기, 행동(조작, 만지기, 두드리기 등) 등 오감(五感)을 사용하여 신체활동을 통한 체화학습(Do Learning)이 중요합니다. 체화학습은 실천적인 지식획득 과정입니다.

체화가 안된 지식	체화가 이루어진 지식
'알기' 수준	'이해' 수준
지식의 정보화 및 조직화 단계	지식의 내면화 단계
객관식 지식	주관적 지식
기술(Description) 가능	설명(Explanation) 가능
머리 지식	손 지식
'What'에 대해 알게 됨(알고 있는 지식)	'How'에 대해 알게 됨(방법적인 지식)

셋째, 반복적인 학습과 훈련이 필요합니다. 체화된 지식은 체화학습이 선행요건이지만 이에 머물지 않고 반복적인 연습과 훈련은 완숙한 지식을 얻는 충분조건입니다. 마라토너는 아무나 할 수 있는 운동이 아닙니다. 마라토너로 성장할 수 있는 조건은 여러 가지를 갖추어야 하겠지만 신체적인 조건이 가장 중요할 것입니다. 그러나 신체적인 조건만으로 훌륭한 마라토너로서는 턱없이 부족합니다. 마라토너는 무엇보다도 기록을 생명으로 하기 때문에 좋은 기록을 얻기 위해 피나는 연습과 훈련을 반복할 것입니다.

글을 쓰는 훌륭한 작가가 되기 위해서는 다양한 체험, 경험과 함께 창의적인 습작을 생명으로 합니다. 어느 한 가지도 단 한 번에 또는 짧은 시간을 통하여 얻는 대가는 수준에 미치지 못할 것임은 당연합니다. 우리나라의 조선업이 세계에서 수위를 유지하고 있는 까닭은 부족한 철광석은 수입하여 사용하지만 무엇보다도 배를 만드는 우수한 숙련공과 설계 기술이 뛰어났기 때문에 가능합니다.

많은 설명이 필요하지 않습니다. 반복된 연습과 훈련은 어느 수준에 도달하면 실제 적용할 수 있는 참된 지식으로서, 이는 체화된 지식입니다.

체화학습은 인성교육에도 매우 효과적입니다. 체화학습은 보다 더 인간적이고 보다 더 학생중심적인 방법이기 때문입니다. 체화학습은 집단이나 소집단에서 개인 간에 서로 영향을 주고받는 상호작용을 통한 집단역동에 의하여 참된 자아를 발견하고 자아의 성장을 돕는 수단입니다. 그리고 체화학습은 아이들로 하여금 학습이 이루어지는 현장에 실제 참여가 가능하기에 이론적으로 얻는 지식보다는 실천적 체험으로 얻는 지식이기에 더욱 지식의 내면화가 가능합니다. 또한 애들이 억압된 감정을 표출하여 인성을 정화하는 잠재적 효과를 가져오고 실제 경험이 아니면 경험할 수 없는 감각적 인식이 가능하여 학습한 것을 실천할 수 있는 경험의 폭을 넓혀줍니다. 이처럼 체화학습은 인성교육에도 시너지 효과를 미치게 되니 참된 지식이 아닐 수 없습니다.

한국 학생은 빨리 배우지만 가르치는 방법은 뒤처진다

　　교육시민단체인 '사교육걱정없는세상'은 미국, 일본, 싱가포르, 영국, 독일, 핀란드 등 선진 6개국과 한국의 수학 교육과정 교과서에서 지도 항목과 주제, 배우는 시기·방법 등을 비교한 결과 한국 학생들은 수학을 선진국 학생들보다 빨리, 많이 배우지만 가르치는 방법은 뒤처진다고 밝혔습니다. 한국은 초등학교에서 6개국보다 평균 18.3개 항목(26.9%)을 빨리 배우거나 많이 접하고 있습니다. 가령 한국의 중학교에서 가르치는 이등변 삼각형의 성질 등 논증 기하 분야는 6개국 고등학교에서 가르치거나 아예 가르치지 않았다. 고등학교 고교과정 문과에서 미적분을 필수로 배우는 나라는 한국밖에 없다고 밝혔습니다.

6개국 초등·중학교 수학 교육과정 교과서 비교 결과(%)

* 한국이 빨리 배우거나 한국에만 있는 항목 개수와 비율을 각 나라와 비교한 숫자임

구분	미국	일본	싱가포르	영국	독일	핀란드	6개국(평균)
초등학교	0(0)	10(14.7)	14(20.6)	35(51.5)	30(44.1)	21(30.9)	18.3(26.9)
중학교	13(21.6)	22(36.7)	3(5)	32(53.3)	5(8.3)	36(60.0)	17.5(29.2)

자료: 사교육걱정없는세상(2015. 5. 28.)

한국은 양적으로 많은 내용을 빠르게 가르치지만, 발견학습이나 협력학습, 토론·토의 등 가르치는 방법에서는 부족하다고 평가했습니다. 또 다른 나라는 여러 학년에 걸쳐서 반복적으로 가르치는 나선형 교육과정을 택하는 데 비해 한국은 한 가지 학습 주제를 단번에 가르치고 끝내 학생들로서는 한 번 뒤처진 것을 따라가기 힘들다고 진단했습니다.

이와 같은 분석 자료를 부언하면 학생들에게 공부를 열심히 그리고 많이 하라고 강요하고만 있지, 무엇을 어떻게 가르치는 교수 방법에는 미숙하고 학생들에게 어떻게 공부하라는 학습방법 지도에는 소홀히 하고 있습니다. 즉, 많은 양의 지식을 단기간 내에 빨리 가르치는 것을 최선의 목표로 간주하고 있을 뿐입니다.

최근까지 OECD 주요 국가들을 대상으로 수학과 과학의 소양을 각각 평가·비교한 결과 피사(PISA, Programme for International Student Assessment)를 보면 수학과 과학에서는 2위 내의 상위권을 차지하고 여타 교과목에서도 5위권을 벗어나지 않았습니다. 이런 결과를 놓고 보면 우리 학생들이 자랑스럽기 그지없습니다. 입시 위주의 교육이다, 암기식 교육이다, 하는 비난들이 설 자리가 없어 보입니다. 오히려 그런 교육을 통해 우리 아이들은 세계에서 가장 우수한 실력을 내보이고 있습니다. 그러나 불행하게도 각 교과목에 대한 학생들의 흥미도와 자신감에서는 회원국 중 꼴찌 수준에 머물고 있습니다. 상식적으로 생각하면 성적에서 최상위권에 있는 우리 아이들의 흥미도와 자신감에서도 높은 수준을 보여줘야 당연한 데도 말입니다. 협력학습에 대한 선호도와 자기주도적인 학습능력에서도 하위 수준에 머물고 있다고 합니다.

이제 한국교육이 달라져야 합니다. 다음과 같은 점에서 말입니다.

가르치는 선생님은 학생들의 능력을 파악하여 받아들일 수 있는 개개인의 눈높이에 적합한 지도 방법을 택해야 합니다. 계속 위로 올라가서 집을 짓기 위해서는 받침대가 필요하며, 이러한 받침대를 세워나가는 것이 비계설정 작업입니다. 짓고 있는 건물보다 너무 높게 또는 너무 낮게 설정하면 건축 작업하는 일이 불가능하게 됩니다. 제대로 집을 짓는 일을 계속해 나가기 위해서는 현재 일하는 높이에 맞게 비계를 설정해야 합니다. 그렇듯 학생들의 수준에 맞는 '비계를 설정'해 주어 그들이 잘하는 것은 더욱 잘할 수 있는 수월성 교육을 추구해야 합니다.

한국교육이 등한시한 발견학습이나 협력학습, 토론·토의 학습은 학교교육이 응당 수행해야 할 패러다임입니다. 이 패러다임은 한국교육이 집단지성교육을 소홀히 하고 있다는 논거이기도 합니다. 집단지성(集團知性, Collective Intelligence)교육은 다수의 개체들이 서로 협력하거나 경쟁을 통하여 얻게 된 지적 능력의 결과입니다. 집단지성교육의 방법은 토론학습과 협력학습(협동학습), 그리고 동아리 활동을 통한 교육입니다. 이 교육은 정보의 활용능력이나 타인과의 소통능력, 집단사고를 통해 창의적인 문제를 해결하는 능력을 키워서 21세기를 살아갈 생존능력을 다지는 최고의 교육방법이기도 합니다.

자기주도적학습을 수행하도록 환경을 마련해 주어야 합니다. 시켜서 하는 공부가 아니라 스스로 하는 공부, 외적인 보상을 바라고 하는 것이 아니라 자신의 내면적인 만족을 위해서 하는 공부, 짐이 되는 공부가 아니라 좋아서 하는 공부, 그래서 자기가 배운 것을 삶 속에서 되살려 낼 수 있는 공부, 바로 이렇게 공부를 하는 학생을 두고 공부 잘한다고 칭찬할 것이며, 이와 같은 공부는 자기가 필요에 의해서 할 수밖에 없는 자기주도적인 공부일 것입니다.

인문학자 김용규는 그의 저서 『생각의 시대』에서 2030년에는 지식의 양이 사흘마다 두 배로 증가할 것으로 예상했습니다. 이렇게 지식이 폭발적으로 증가하는 시대에는 지식을 많이 암기하는 것이 중요한 것이 아니라 자신이 확보한 지식들을 연결해 새로운 지식을 만드는 능력이 필요하다고 했습니다. 이른바 지식을 '편집'할 수 있는 사람이 세상을 주도할 수 있는 세상이 도래한 만큼, 얼마나 많이 암기했는가를 측정하는 스트레스 받는 교육에서 새로운 지식으로 편집하여 얼마나 많은 즐거움을 맛보았는지를 측정하는 교육으로 탈바꿈되어야 비로소 교육선진국으로 발돋움합니다.

부모의 긍정적 기대는
애들의 자긍심을 갖게 하는 것이다

부모가 애들에게 갖는 기대가 긍정적일 때 애들은 스스로 자긍심을 갖고 스스로 자기를 만들어 가는 원동력이 됩니다. 부모가 자기 자식을 믿지 못하고 부정적인 생각을 가질 때 자식은 부정적인 사고를 지니게 될 것입니다. 부모가 인정하지 못하는 자식은 남에게도 인정을 받을 수 없습니다.

박재규의 『내 삶의 힌트』 중 '마음마저 전염되면……'에서 이런 글귀가 있습니다.

걱정이 가득한 사람과 있으면 걱정이
불평이 가득한 사람과 있으면 불평이
불만이 가득한 사람과 있으면 불만이 전염되고,
웃음이 가득한 사람과 있으면 웃음이
열정이 가득한 사람과 있으면 열정이
사랑이 가득한 사람과 있으면 사랑이 전염된다.

그렇습니다. 내가 내 자식을 어떻게 보느냐에 따라 내 자식이 어떻게 만들어지는가를 짐작할 수 있습니다. 내가 내 자식에 대하여 긍정하는 자세로 대할 때 긍정하는 힘이 전염되어 내 자식은 자긍심을 갖게 될 것입니다.

오래전 한국행동과학연구소장을 지낸 이성진 교수의 '부모의 긍정적 기대'라는 제목으로 그가 겪었던 일화를 소개하고자 합니다.

오래전 60년대 초 내가 미국에 유학을 가서 인간의 성장·발달에 관한 대학원 강의에서 있었던 일이었습니다. 7~8명 정도 되는 수강자 중에 생김새가 좀 다른 동양인이 끼어있는 것을 본 교수가 나에게 어느 나라에서 왔느냐고 물었습니다. 한국에서 왔다고 응답했습니다. 그러자 그 교수는 한국 전쟁 때 종군 기자로 갔다고 소개하면서 반가움을 표했습니다. 그 교수는 다음의 이야기를 이어갔습니다.

그 교수는 한국에서 이상한 것을 보았다며, "아이들이 나이를 세는데 한 살 반도 안 됐는데 세 살이라 말하고, 세 살밖에 안 됐는데 다섯 살이라고 하더라." 하고 말하자 수강자 모두가 "와아!" 하고 폭소를 터뜨렸습니다. 순간 당황한 나는 얼굴을 붉히면서도 짧은 영어에 뭐라고 말 한마디 못하고 말았지만, 나의 사태수습 능력 부족에 가슴을 쳤습니다. 그 시간이 끝나고 나는 가슴에 맺힌 응어리를 안고 당장 도서관으로 뛰어가서 발달심리학에 관한 책 여남은 권을 뽑아 놓고 다음 시간에 한판 붙어야(?)되겠다고 마음을 먹었습니다. 그다음 주의 그 강의를 시작하자마자 나는 손을 번쩍 들었고, 미리 준비한 원고를 읽었습니다(영어 실력이 짧아 원고를 미리 쓴 것이다). "지난 시간에 교수님이 한국 사람들의 나이 세는 방법에 대해 말씀하셨는데, 사실 그렇습니다. 우리는 그렇게 나이를 셉니다. 그리고 나는 우리가 나이를 세는 방법이 합리적이고 과학적이라고 확신합니다. 왜냐? 아이가 출생하기 전 엄마 배 속에서 일 년을 살았으니 출생 즉시 한 살이라고 하는 것이 옳습니다. 엄마의 태내냐 태외냐 하는 환경만 다를 뿐이지 아이는 어디서든 자란 것이지 않습니까? 그리고 설이 되면 새알 먹고 한 살 더 먹고(약간 억지를 부려)…… 이러다 보니 한 살 반은 세 살이 되고, 만 세 살이 다섯 살이 됩니다. 외국은 출생하고 난 뒤부터 나이를 세어 나가지만 그건 틀렸습니다. 미국 사람들이 쓴 발달심리학책도 사실은 태내발달(임신 중의 발달)을 언급하고 있고, 그것을 중요시하고 있지 않습니까?" 이쯤에서 나는 교실 안이 물을 끼얹은 듯 조용해서 내 말이 먹혀들고 있다는 것을 직감했습니다. 그러니 나는 더 용기가 날 수밖에 없었습니다. 그래서 그 용기를 타고 원고에 없는 말을 이어나갔습니다. "세 살 먹은 아이를 다섯 살이라고 할 때, 우리 어른들은 다섯 살 먹은 놈이 그것도 못해, 다섯 살이나 되는 대장부가 심부

름도 할 줄 알아야지, 다 큰 놈이 너 혼자서도 할 줄 알아야지……등
등. 우리 선조의 지혜가 배어있는 이 말들. 그렇습니다. 부모의 지나친
기대가 아이에게 압력이 되어서는 안 되겠지만 잘하리라는 기대는
아이들에게 자신감과 의연함을 심어줄 수 있습니다."

부모의 긍정적 기대는 애들의 자긍심을 춤추게 합니다. 아이들
이 학교나 일상생활에서 실패와 성공의 경험을 겪게 됩니다. 성공
의 경험은 자신을 긍정적으로 평가하여 더 높은 단계로의 도전과
자긍심을 발휘하곤 합니다. 그러나 누적되는 실패의 경험은 자칫
스스로 부족하다고 과소평가하여 자긍심을 떨쳐버리곤 합니다. 이
때 부모는 자녀의 동기와 의욕을 불러일으켜 주어 성공경험을 할
수 있도록 도와주어야 합니다.

다음은 부모의 관심과 격려가 자녀의 긍정적인 에너지를 만들어
내는지를 보여주는 사례입니다.

소프트뱅크 회장 손정의는 모험적이고 개방적이며 창의적인 벤
처 정신으로 무장한 비즈니스맨을 상징하는 아이콘으로 통합니다.
그가 꿈을 이룰 수 있었던 것에는 물론 손정의 자신의 노력과 도전
이 있었기에 가능했지만, 아버지의 '보이지 않는 힘'이 늘 작용했
습니다. 그것은 바로 팔불출 같은 아들 사랑이었습니다. 다음은 손

정의 아버지가 한 이야기입니다.

"아들이 초등학교에 다닐 때 새벽에 일어나서 공부하는 것을 보았지요. '오래가지 않을 것'이라고 생각하고 지켜보았더니 계속 그렇게 매달립디다. 아들은 한번 작심하면 어떤 일도 포기하지 않아요. 그래서 나도 자연스레 '너는 천재다'라고 했지요."

아버지의 신뢰를 듬뿍 받고 자란 손정의는 항상 자신감이 있었고 미래에 대한 확신을 가질 수 있었습니다. 중학생 시절 전학 간 학교에서 학생회장에 당선되기도 했습니다. '너는 천재다'라는 그 말 한마디가 아들에게는 자긍심을 북돋워 주는 마법의 샘으로 작용했던 것입니다.

출처: 박효정의 『내 공부의 내비게이션』

"말을 물가에 데리고 갈 수 있어도 강제로 물을 먹일 수 없다."는 속담이 있습니다. 공부는 하고 싶어야 하는 것이지, 엄마의 의지대로 하기는 어렵습니다. 엄마의 성화에 못 이겨 공부한다고 할지라도 이미 마음은 다른 곳에 있습니다. 스스로 책상 앞에 앉을 수 있도록 동기부여를 해 주어야 합니다. 책상 앞에 앉기를 싫어하는 아이는 분명코 원인이 있을 것입니다. 막연하게 '공부를 열심히 하면 된다', '노력이 부족하기 때문이다'라는 식의 동기붙임은 오히려 공부와 담을 쌓게 됩니다. 그 원인을 진단하고 상황에 적절하게 부적응 원인을 제거해 주거나, 할 수 있도록 여건을 마련해 주고, '너도 할 수 있다'는 자긍심을 일깨워 주는 일이 필요합니다. 이를테면 좋아하는 공부감과 싫어하는 공부감은 무엇이며, 싫어하는 공부감에는 좋아하는 공부감을 진단하여 얻어진 방법을 적용해 보게 합니다. 학기 말 평가결과가 기대 수준에 미치지 못하면 그 원인을 자기 능력 탓으로 돌리면 만회하기가 어렵습니다. 오히려 내가 노력이 부족했거나 지문을 자세히 읽지 못해서, 평소 선생님의 가르침에 집중하지 못해서 등 자기에게서 원인을 찾고 그에 적절한 방법으로 대응하는 전략을 세울 수 있도록 격려해 주는 일입니다.

미국 제44대 대통령인 버락 오바마가 정치적 고향인 미국 일리노이주 시카고에서 대통령 당선 수락연설을 "우리는 할 수 있다(Yes We Can)!"는 주제로 명연설을 하였습니다. 그렇게 외친 그는 그의 의지대로 8년 임기 동안 훌륭한 업적을 남겼습니다. 2017년 1월 10일 미국 일리노이주 시카고 매코믹 플레이스에서 마무리 짓는 고별 연설에서도 "우리는 할 수 있다(Yes We Can), 우리는 해냈다(Yes We Did), 우리는 할 수 있다(Yes We Can)!"는 세 마디로 고별 무대를 마무리했습니다.

그가 긍정적 자긍심을 갖고 외친 대로 훌륭한 일을 해냈고, '나라를 사랑하는 젊은 세대가 오고 있기 때문'에 또 우리는 할 수 있다고 했습니다. 미국의 미래를 젊은이에게 초점을 둔 고별 연설이었습니다.

예컨대 자녀에게 부족한 점을 오히려 '너도 할 수 있다'는 역발상 우회 전략이 필요합니다.

공부 잘하는 아이는
지능 때문이 아니다

자식을 키우는 부모는 누구나 '우리 애가 공부를 잘할 수 없을까?' 또 '어떻게 하면 똑같은 노력을 기울이고도 더 좋은 결과를 얻을 수 있을까?', '공부 잘하는 방법에 대한 확실한 안내 지침은 없을까?' 하고 고민할 때가 있었을 것입니다.

이 질문에 조금이라도 근접한 답을 찾기 위해 한국교육개발원에서 '공부 잘하는 아이'에 관하여 연구한 결과의 자료를 소개하고자 합니다. 다소 오래된 자료이지만 그 경향은 오늘날과 차이가 크지 않으리라 사료됩니다.

한국교육개발원에서는 2002년 10월, 서울 시내 50개 고등학교의 1, 2학년 학생 5,000여 명을 대상으로 설문조사를 실시하였습니다. 조사 결과는 2002년 6월 실시된 서울시교육청 주관 모의고사 성적과 결부시켜 분석한 자료입니다.

'공부 잘하는 법'과 관련된 여섯 가지 질문

질문 ❶ '공부 잘하는 아이'가 학교수업에 임하는 태도는?

질문 ❷ '공부 잘하는 아이'의 학교 밖 공부는?

질문 ❸ '공부 잘하는 아이'로 만드는 부모의 역할은?

질문 ❹ '공부 잘하는 아이'가 주로 하는 취미와 여가활동은?

질문 ❺ '공부 잘하는 아이'의 진로지도는 어떻게?

질문 ❻ '공부 잘하는 아이'의 독서습관 및 독서량은?

질문의 결과

질문 ❶ '공부 잘하는 아이'가 학교수업에 임하는 태도는?

- 잠을 충분히 자고, 아침 식사는 꼬박꼬박 한다.
- 매일 신문을 읽고, 예습·복습을 철저히 한다.
- 학교 준비물을 미리미리 챙기고, 수업시간에 딴짓을 하지 않는다.
- 하루 3시간은 집중해서 '자기주도적인 학습(Self-directed Learning)'을 한다.

아침 기상 시간은 상위 10% 학생과 그렇지 않은 학생과 별 차이가 없었습니다. 이는 등교 시간이 정해져 있기 때문입니다.

평균 수면 시간은 6.09시간 잠을 잤으나, 상위 10% 학생은 6.16시간으로 평균치보다 오히려 더 많다는 점입니다. 잠을 충분히 자는 경우가 수업시간에 집중력이 더 높다는 근거입니다.

아침 식사는 상위 10% 학생은 아침밥을 꼬박꼬박 먹거나 보통

거르지 않는다고 응답했습니다. 아침에 영양분을 공급받지 못하면 대뇌 활동에 필요한 영양분 부족으로 공부에 지장을 받는다고 합니다. 공부는 단거리 육상 경기가 아니라 마라톤과 같은 것입니다.

일간 신문 읽기는 상위 10% 학생들의 35.1%가 거의 매일 신문을 읽는다고 답했지만 그렇지 않은 학생들의 비율은 15.2%입니다. 대학수학능력시험을 잘 치르기 위해서는 많은 독서가 필요하다는 것은 자명한 사실입니다. 일간 신문은 비판적 사고와 글쓰기 능력을 기르는 데 적합한 자료입니다.

학교 준비물 챙기기는 상위 10% 학생이 준비물을 하루 전에 준비하는 비율이 60% 정도인 반면 나머지 학생들은 45%에 불과합니다. 항상 준비하고 계획하는 학생과 그렇지 않은 학생 간에는 차이가 있음이 확인할 수 있습니다.

예습·복습은 상위 10% 학생과 그렇지 않은 학생과 큰 차이는 없지만, 상위권 학생들이 예습과 복습의 비율이 높은 것으로 나타났습니다.

수업에 임하는 태도는 상위 10% 학생들은 그렇지 않은 학생들에 비하여 10% 이상의 차이로 좋은 결과를 보였습니다. 수업시간에 잠을 자거나 잡담을 하는 것과 같은 부정적인 요소는 상위 10% 학생의 집단이 비교적 낮게 나왔습니다.

평소의 공부 태도와 습관은 상위 10% 학생들은 2~3시간 정도 책상 앞에서 집중적으로 시간 계획을 세워서 공부하고 교과목의 요점을 자주 정리하고 이해되지 않는 문제에 대해서는 끝까지 파고들며, 자기주도적인 학습을 추구하는 경향이 강하게 나타났습니다.

[질문 1]에 대한 총체적인 해설로, 공부를 잘하기 위한 조건으로 독립적 공부 태도, 자기주도적인 공부 태도가 부각되고 있습니다. 공부는 누가 대신할 수 있는 것이 아니라, 학생이 주체가 되어 매우 능동적으로 수행하고 있다는 것입니다.

질문 ❷ '공부 잘하는 아이'의 학교 밖 공부는?

- 하루에 적어도 3시간은 혼자서 공부한다.
- 공부 장소로 집이나 도서관, 독서실을 주로 이용한다.

혼자서 공부하는 시간과 학업성취도 간의 상관은 상위 10% 학생들은 하루 평균 175분(약 3시간) 혼자서 공부를 하고 있는 반면, 하위 90% 학생들은 144분(2시간 24분)으로 차이가 났습니다. 학교수업을 마치고 밤늦게까지 학원 수업을 하게 되면 결국 혼자서 공부하는 시간이 줄어들게 됩니다. 그러나 상위 10% 학생들은 학원수업 등 사교육을 가까이하지 않는다는 것입니다. 이는 혼자서 공부하는 시간, 즉 공부한 내용을 자기 것으로 소화시키고자 애쓰는 시간이 얼마나 많은가에 따라 성적이 크게 달라짐을 일러주었습니다.

공부하는 장소로는 상위 10% 학생 중 43.5%가 집에서 혼자 공부할 때 가장 효율적이고 다음은 도서관과 독서실이 30.7%라고 응답했으며, 학원 및 과외 수업은 14.5% 학생만이 효율적이라고 응답했습니다. 자녀의 공부를 제대로 지원해 주기 위해서는 학원에 보내기보다는 혼자서 차분히 공부할 수 있는 환경을 마련해 주는 일이 효과적이라고 할 수 있습니다.

질문 ❸ '공부 잘하는 아이'로 만드는 부모의 역할은?

> • 가족 간에 대화와 토론을 자주하고, 부모가 먼저 책을 즐겨 읽는다.
> • 자녀의 학교 공부는 전폭적으로 지원하되, 잔소리는 하지 않는다.
> • 아빠와 대화를 많이 하는 자녀일수록 학업성적이 높다.

학업성적은 경제적 배경보다는 문화적 배경을 더 중요시하고 있는 결과를 보여주고 있습니다.

가정 분위기와 부모님의 자녀교육 관심 정도를 살펴보면 공부 잘하는 학생의 가정은 그렇지 않은 경우보다 자녀에 대한 부모의 관심이 높습니다. 또 가족 간에 대화와 토론을 많이 할뿐더러 아버지와 더 많은 대화를 하고 있었습니다. 부모님이 자녀의 숙제를 도와주시고, 자녀가 학습 계획대로 잘 공부하고 있는지 살펴보고 자녀와 서점에 같이 가서 책을 많이 사주고 있었습니다. 특히 상위 10%의 학생들은 그렇지 않은 학생보다 담임선생님과 대화하는 비율이 2배 이상 높았습니다. 부모님의 공부에 대한 지원도는 상위 10% 학생의 부모님들 중 60.6%가 적극적인 지원을 한다고 답했지만, 나머지 집단의 경우는 42.8%만이 그렇다고 답하고 있었습니다.

학부모의 학교교육 관심 정도는 상위 10% 학생의 부모님들 중 73.6%가 매우 관심을 보인 반면 나머지 학생들의 부모는 50.8%에 그치고 있었다. 결국 상위 10% 학생들의 부모는 자녀가 잘될 것이라는 높은 기대를 갖고 자녀에게 많은 관심을 보이며, 자녀도 이러한 부모의 기대에 부응하려는 노력을 하게 되어, 그 결과 상대적으로 더 좋은 결과를 얻을 수 있는 '자성적 예언'을 충족시켜 주었습니다.

이러한 결과는 부모가 자녀의 교육을 위해 경제적 투자를 의미하는 것은 아니고 자녀의 고민과 진로 문제에 대해 함께 고민하고 대화를 갖게 되며, 자녀가 심리적 안정을 유지하게 되고 부모의 기대에 부응하기 위한 노력을 기울이게 되어 좋은 결과를 얻을 수 있게 되는 것입니다.

질문 ❹ '공부 잘하는 아이'가 주로 하는 취미와 여가활동은?

- 문학 작품을 읽고, 도서관과 독서실에 가며, 서점에서 책을 산다.
- 텔레비전 시청은 자제하지만, 컴퓨터 사용과 동아리 활동은 남 못지않게 한다.
- 주말에 휴식 시간보다 공부 시간이 더 많다.

상위 10% 학생들은 취미나 여가활동 시간에 문학작품을 자주 읽고, 도서관이나 독서실을 자주 이용하며, 서점에 가서 직접 책을 사는 비율이 상대적으로 높은 반면, 외모나 옷차림을 꾸미는 데 시간을 보내는 일은 상대적으로 적은 특성을 보이고 있었습니다.

공부 잘하는 학생이 텔레비전 시청이 많지 않았습니다. 하루 텔레비전 시청이 1시간 이하라고 응답한 상위 10% 학생들은 50%인 반면, 하위 90% 학생들은 30%이며, 2시간 이상 시청하는 경우도 각각 14%와 33% 정도로 2배 이상 차이가 났습니다.

컴퓨터 사용과 동아리 활동은 공부 잘하는 학생이나 그렇지 않은 학생 모두 엇비슷하였는데, 공부 잘하는 학생도 컴퓨터를 충분히 활용하고 동아리 활동도 활발히 하며, 이 외의 남은 시간만큼은 공부를 효율적으로 활용하고 있음이 나타났습니다. 주말에 하는 활동은 상위 10% 학생들이 학원이나 독서실에 가서 공부하는 비율이 54.4%이며 하위 90% 학생들은 23.0% 만이 공부와 관련된 활동을 하고 있었습니다.

질문 ❺ '공부 잘하는 아이'의 진로지도는 어떻게?

- 아버지, 어머니, 학교 선생님과 진로 문제를 놓고 공부한다.
- 일찍부터 공부의 목표(진학을 희망하는 대학·학과)를 세운다.
- 자신의 목표를 달성(원하는 대학에 합격)할 수 있다는 자신감이 충만하다.

자신의 현재 학습활동과 학업성취에 중요한 영향을 미치는 변인으로 '포부 수준'이 있습니다. 학생들의 포부 수준이 높으면 학생들 자신의 진학이나 장래 진로에 대한 기대 수준이 높아진다는 것입니다.

학부모들의 진로 문제에 대한 주된 상담자는 어머니이며, 아버지는 어머니의 절반 정도의 비중을 차지하고 있었습니다. 이에 비하여 담임 선생님과 진로 문제에 대해서 대화하는 빈도는 매우 저조하였습니다. 상위 10% 학생들의 경우 아버지와의 대화도 나머지 90% 학생들보다 더 많았습니다.

고등학교 1, 2학년 학생들 중에서 진학 희망 대학 및 전공을 선택한 경우가 전체적으로 62.7%인 가운데, 성적 하위 10% 학생들은 평균치를 웃도는 76.4%인 반면, 하위 90% 학생들은 62.0%에 지나지 않았습니다. 예컨대 상위권 학생들은 진학 희망대학과 전공을 일찍 선택하고 있는 경향이었습니다. 그리고 상위권 학생 64.2%가 희망하는 대학에 진학할 수 있다는 자신감을 갖는다고 응답했는데, 이는 하위권 학생들보다 2배 이상 높은 수치를 보여주고 있었습니다.

결국 포부 수준이 높으면 학생들 자신의 진학이나 장래 진로에 대한 기대 수준이 높아 학업성취에 보다 더 적극으로 임하고 있음을 파악할 수 있습니다.

> • 한 달 평균 3권 이상의 책을 읽는다.
> • 어릴 때부터 부모님이 자주 서점에 가서 책을 사주신다.

학교수업과 직접 관련되는 참고서나 문제집 등을 제외하고, 한 달 평균 몇 권의 책을 읽는가를 물었습니다. 이에 따르면 상위 10% 학생들은 한 달 3권 이상 읽는다고 응답한 학생이 32.4%, 하위 90% 학생들은 20.8%로 차이를 보였습니다. 물론 책을 많이 읽는 학생들이 공부를 잘한다고 단언할 수는 없지만, 독서량이 많으면 비판적·종합적 사고력을 요하는 문제들에 대하여 저항을 덜 느낀다고 여러 연구 결과가 증명해 주고 있습니다.

자녀에 대한 독서지도는 가급적 빨리 시작할수록 좋은 효과를 볼 수 있습니다. 어릴 때부터 자녀의 손을 잡고 서점에 가서 책을 많이 사주고 또 같이 읽어 보는 습관을 길러 주는 일은 자녀들의 독서 접근에 가장 바람직한 방법입니다. 어느 날 갑자기 전집류의 책을 수십 권 사주고 책을 읽도록 강요한다면 결과가 좋을 리 없습니다. 어릴 때부터 독서방법에 대한 체계적인 안내를 해준다면, 아이들의 독서능력은 학습기초 능력을 보강해 주는 훌륭한 자양분이 될 것은 명확합니다.

이와 같이 한국교육개발원에서 주관한 '공부 잘하는 아이'에 대한 연구 결과의 요지를 알아보았습니다. 여섯 가지 질문의 답에서 키워드는 '공부 잘하는 비결은 지능이 아니고 자기주도적인 올바른 학습 습관'입니다. 한마디로 학습 과정과 그 결과까지도 학습자인 학생이 주체가 되어 결정권을 가져야 한다는 것입니다.

그렇다면 자기주도적학습을 위해 부모가 해야 할 일은 무엇일까요? 무엇보다도 학생의 주체성을 길러주어야 합니다. 의존적인 자녀, 의존적인 학생이 아니라, 자기의 일을 스스로 계획하고 실천하고 평가하는 능력을 가진 학생이 되도록 지원하는 것이 중요합니다. 학부모는 우수한 학원에 비싼 사교육비를 지출하고 훌륭한 족집게 강사를 찾아 자식을 맡기는 일이 능사가 아닙니다. 학원에 맡기는 자식, 족집게 강사에게 맡기는 자식은 그 시너지 효과가 당장은 있을지 몰라도 자식의 미래를 볼 때 스스로 찾는 유능한 리더가 될 수 없습니다. 인생은 자기 몫입니다. 부모가 자식의 인생을 대신 살아줄 수는 없습니다. 부모는 한 그루의 나무를 키우듯 인내심을 갖고 건전한 학습환경을 조성하여 자녀가 자기주도적인 올바른 공부 습관을 갖도록 만들어 주는 일입니다. 이 일은 자식으로 하여금 스스로 인생을 살아갈 수 있도록 하는 지혜입니다.

예컨대 부모는 자녀가 경험을 통해서 공부가 어떤 것이며 무엇을 위해서 살아가야 하는지를 스스로 자각할 수 있도록 환경을 조성해 주는 역할 정도에서 머물러야 합니다. 공부하는 일과 학교 다닌 일은 등산에 비유할 수 있습니다. 올라가는 산이 험하다고 처음부터 자녀를 등에 업고 올라가는 부모가 되어서는 안 됩니다. 힘들고 다리가 아프더라도 옆에서 격려하고 같이 동참하면서 스스로가 고통을 이겨내고 걸어갈 수 있도록 해야만 합니다. 이처럼 자기주도적학습의 과정을 통해서 정상에 오른 자녀들만이 달콤한 미래를 맞이할 수 있고 진정 값진 보람과 기쁨을 맛보며 인생을 살아갈 것입니다.

집안일 돕고 자란 어린이가 성공한다

어릴 때부터 집안일을 도운 어린이가 그렇지 않은 어린이에 비하여 학문적, 감성적으로 더 발전한다는 연구가 있습니다.

〈월스트리트 저널(2015.3.14.)〉에 미네소타대학교 마티 로스만 교수가 어린이 84명의 성장과정을 추적한 결과 다음과 같은 결과를 소개했습니다.

연구 결과에 따르면 3~4살부터 집안일을 도운 어린이는 가족 및 친구들과 관계가 좋으며 직업적으로도 성공할 가능성이 높다고 밝혔습니다. 그리고 어릴 때부터 어른을 도와 집안일을 많이 한 어린이는 숙달력, 책임감, 자신감을 갖게 돼 여러 분야에 도움이 된다고도 밝혔습니다. 또 어린이는 집안일을 통해 다른 사람을 필요로 하는 것이 무엇인지 깨달으며, 깨닫는 어린이는 성장해서도 다른 사람을 도우며 더불어 사는 삶 속에서 행복감을 느낀다고 했습니다. 어린이들이 자발적으로 집안일에 참여하도록 하는 몇 가지도 소개했습니다.

"도와줘서 고맙다."보다는 "이제 남을 도울 수 있는 사람이 됐구나."라는 말을 해주는 게 더 좋다고 합니다. 또 집안일이 공부와 운동 못지않게 중요한 일이라고 여기게 해줍니다. 집안일은 아무런 대가 없이 가족을 위해 하는 걸 알게 해주고 어린이들이 좋아하는 컴퓨터게임처럼 집안일을 '레벨화'하는 것도 필요하다고 소개했습니다.

『아이 잘 키우기(Teach Your Children Well)』라는 책을 쓴 아동 심리학자 매들린 레빈(Madeline Levine)은 "공부를 먼저하고 집안일을 나중에 해도 된다고 말하는 것은 어린이에게 점수, 성취가 타인을 돕는 것보다 더 중요하다는 것을 인식시켜주고 만다."고 경계했습니다. 잘못했을 때 벌로 집안일을 시키는 것, 반대로 집안일을 했다고 용돈을 주는 것 모두 좋지 않다고 소개했습니다.

아이들이 하는 집안일과 성공과는 어떤 유의미성이 있을까요? 아이들이 집안일을 돕는 경험은 가정에서부터 출발하는 진로교육입니다. 집안일은 개인으로 하여금 현재 우리가 상존하고 있는 다양한 일의 가치들과 친숙하게 하여 결국 자기에게 의미가 있는 일을 선택하도록 돕게 되는 선행 경험입니다. 또 자신이 하는 집안일에 대한 가치를 터득하게 됩니다. 즉, 아이들이 하는 집안일은 가족의 구성원으로 함께하는 공동체 의식을 갖게 하고 집안일을 하는 데도 필요한 기능이 필요하다는 인식을 하게 됨으로써 집안일의 속성에 따른 기능도 스스로가 체득해야 할 공부임을 깨닫는 계기가 됩니다. 이처럼 집안일은 일에 대한 보람을 갖고 자신의 진로에 대한 이해와 동기화가 되어 자연스럽게 학교수업과 연결하는 통로이기도 합니다.

이러한 이점(利點)이 있기에 건강하고 성공 가능성이 높은 어린이로 키우기 위해서 집안일을 부모 또는 어른들과 함께 하는 경험을 갖도록 하거나 집안일을 스스로 할 수 있도록 기회도 제공해 주는 일은 매우 중요합니다. 응당 어린이들이 할 일도 지나치게 애착하는 마음을 갖고 부모와 어른들이 미리 알아서 해준다면 결국 독약을 먹여주는 것과 다를 바 없을 것입니다. 학교에서도 자기 책상 주변 치우기와 책상 정리정돈 또는 자기 신발장 청소 등도 동료들과 함께하여 일하는 보람을 갖도록 하는 일은 어린이들로 하여금 자기주도적이고 책임감을 갖도록 하며 사회생활에서도 자기 몫을 다하고 챙길 줄 아는 어린이로 성장하는 계기가 됩니다. 이와 같은 선행 경험을 쌓고 자란 어린이들은 배려와 봉사하는 생활 자세를 지니게 됩니다.

일하는 즐거움이 공부와 상충할 때는 매들린 레빈처럼 일을 통하여 고운 인성을 가꾸는 경험이 공부 못지않게 중요하다는 인식을 심어주어 또 다른 긍정적인 자아개념을 형성시켜주게 됩니다. 이 긍정적인 자아개념은 장차 개인이 선택하여 즐길 수 있는 직업으로 자리매김되어, 결국은 자아실현을 돕는 데 상승효과를 가져와 집안일을 돕고 자란 어린이가 그렇지 않은 어린이에 비하여 성공할 수 있는 가능성이 높습니다.

6장

인성이
튼튼해야
좋은 꿈을
꾼다

학력이 좋은 사람보다는 인성이 좋은 사람이 우대받는
대한민국의 시스템이 마련되어야 합니다.
그래야 인성이 진정한 학력으로 우대받는 최소한의 방법일 것입니다.

지는 방법을 공부해야
이기는 방법도 배우게 된다

오늘날 학교의 교육은 이기는 길을 찾는 데 역점을 두었지만 제대로 지는 방법을 깨닫게 하는 교육에는 소홀히 하고 있습니다. 가정에서도 오직 이기는 길을 찾도록 자녀들을 학원으로 내쫓은 결과 사교육이 한국교육을 선도하고 있는 실정입니다.

우리나라 청소년의 자살률이 OECD 국가 중 세계 1위인 이유는 이기는 교육만을 강조한 산물이 아닌가 합니다. 어떤 일에 도전하여 실패라도 하거나 1등이 아니고 2등이라도 하면 인생에서 가장 큰 낙오자라고 스스로 여기고 움츠립니다. 최고가 아닌 경우에는 때에 따라서는 극단적인 선택을 하는 경우가 많습니다. 최고만을 요구하는 사회는 결코 명랑하고 행복한 사회를 이룰 수 없습니다. 청소년 자살이 주기별로 실시되는 중간고사, 학기말 고사 수능시험이 끝난 이후에 일어난다는 사실이 예사롭지 않습니다. 자살 대상자는 한 등급이라도 낮아지거나 앞으로나란히 세우기에서 이전보다 뒤처진 경우에 해당되는 학생이 많음을 종종 접할 수 있습니다.

사람이 사는 곳에서는 세상만사 모두가 동등하거나 평등하지 않습니다. 어떤 것들은 한 줄로 세울 때 최우수, 우수, 보통, 보통 이하, 열등 품등 척도가 가늠합니다. 우수는 최우수가 있기에 두 번째로 자리매김할 수 있으며 최우수를 위한 노력을 쏟게 됩니다. 결과적으로 모두가 품등이 높아지는 효과를 가져옵니다. 역설적으로 모두가 최우수라고 등급이 판정될 때는 발전과 진보와 개선의 여지가 없습니다. 결과적으로 한 품등에 만족하여 현재의 수준에서 머무르게 됩니다. 물이 흐르지 않아 이끼가 생기게 마련입니다.

일상에서 회자되길 SKY(서울대, 고려대, 연세대) 대학에 가는 길만이 살길이라고 외칩니다. 세상을 지배하고 한국을 움직이는 사람은 SKY 출신이어야 가능하다는 논리입니다. 실상 SKY 대학교 출신이 높은 고관대작에 앉는 사람이 많음은 사실입니다. 우리나라는 대학수학능력고사의 성적이 좋아서 SKY 대학에 들어가게 되면 이미 출신 성분이 정해진다는 사실을 부인할 수 없습니다. 반면 우리나라 고관대작들은 입신출세하더라도 불명예로 낙인되어 하야하게 되는 경우를 보면 한결같이 부정과 부패로 얼룩져있습니다. 예컨대 우리나라 고관대작들 어느 한 사람이라도 반듯하게 주어진 책무를 다하고 마무리했다는 이야기를 들어본 적이 거의 없습니다.

가드너는 그의 책 『비범성의 발견』에서 창의성이 뛰어난 위인들인 프로이트, 아인슈타인, 스트라빈스키, 피카소, T.S.엘리엇, 마사

그레이엄, 간디 등의 공통점은 자신의 강점과 약점을 인식하고 이를 밑천으로 새롭게 개발하는 능력이 우수하며, 실패와 역경을 통해서 더 새로운 창의력을 발휘했다는 사실입니다.

이제 한국의 교육이 최고만이 살아남을 수 있다는 '이기는 교육'도 중요하지만 최고를 상쇄할 수 있는 '지는 교육'도 이루어져야 합니다. 지는 교육은 지거나 실패하는 교육이 아닙니다. 지는 교육은 배려교육이고 현재보다 더 나은 결과를 얻기 위해 노력을 쏟는 교육입니다. 상대가 나보다 우수하다고 올가미를 씌운다면 너와 나 모두가 낙오자가 됩니다. 그러나 상대가 나보다 우수하면 이를 인정하고 정진하도록 북돋워 준다면 그 보람의 효과를 함께 누릴 것입니다.

세계의 마라토너들은 몇 초를 좁히기 위해 사생을 다합니다. 최근에는 아프리카 마라토너들이 우승을 차지하는 경우가 많습니다. 그들은 얼굴이 하얗거나 공부를 많이 하여 학식이 높은 민족도 아니며, 그렇다고 국민소득이 높은 부유한 국가 출신도 아닙니다. 국가 역량이 국제적으로 평균 이하의 국가에 살고 있는 민족들입니다. 그래도 42.195㎞를 제패한 그들에게 박수를 보내고 그들의 능력을 인정해 줍니다. 우리나라에서는 검은 얼굴을 지닌 그들의 역량을 능가하기 위해 차세대 마라토너를 선발하여 그들로 하여금 비지땀을 흘리도록 하고 있습니다. 비지땀을 흘리는 까닭은 세계를 제패한 검은 얼굴 사나이들의 기록을 갱신하는 데 있습니다.

세계를 주름잡는 삼성 스마트폰과 애플 스마트폰이 자웅을 겨루기 때문에 소비자는 보다 편리한 문명의 혜택을 누릴 수 있습니다. 그래도 두 회사는 우수한 스마트폰으로 재탄생하고자 막대한 기술을 투자하고 있습니다. 이기려고 하면 서로가 죽습니다. 상생하려고 하면 더 많은 노력이 합해져 아름다운 경쟁이 펼쳐집니다. 지는 교육은 져 주는 교육이 아니고 모두가 시너지 효과를 창출하는 상생교육입니다. 승마장에서 경주를 하는 말이 나이가 들어 우승의 확률이 낮을 경우는 퇴역을 합니다. 그러나 퇴역한 말은 일생을 마치는 것이 아니고 많은 사람을 위한 레포츠 말로 대신합니다. 퇴역한 말일지라도 또 다른 인생을 시작합니다. 퇴역한 말은 결코 져 주는 말이 아닙니다.

이기는 길만 가르치고 제대로 지는 방법을 배우지 못한 구성원이 사는 사회에서는 '너 죽고 나만 살기'식의 병폐로 팽배해져 있습니다. 이러다 너도나도 다 죽는 메마른 사회에서 상처투성이로 힘들게 살아갈 것입니다. 지는 것을 알아야 내려놓을 줄도 알고 서로를 배려하고 나눌 줄 알며 서로가 인정받아 자긍심을 갖고 아름답게 살아가는 환경이 가꾸어질 것입니다. 지는 것을 모르는 사회에서는 진정한 사랑이 불가능한 이유이기도 합니다.

더불어 사는 능력이
오늘을 살아가는 최고의 이력이다

다산 정약용 선생님이 문과 합격을 하면서 지은 시 중에 '공렴원효성(公廉願效誠)'라는 글귀가 있습니다. '공정과 청렴으로 정성을 바치기를 원했노라'입니다. 이 구절에 담긴 가르침을 높이 평가한 다산연구소의 이사장 박석무는 다산은 '공정과 청렴으로 썩어 문드러진 세상을 치유하려던 실천 지식인'이라고 극찬했습니다. 당시 다산이 바라보는 세상이 공정하지 못하고 반칙으로 입신양명하는 사례가 적지 않아서 공정과 청렴이라는 어구를 사용했으리라 짐작합니다. 혼자서 잘살기 위해서가 아니고 모두가 잘살기 위한 방편으로 능력에 맞는 직분을 맡아 공평하게 살아가는 정의로운 사회를 희구했던 다산이었습니다.

모두가 잘사는 정의로운 사회를 구현하는 입장에서 다산 정약용 선생님의 생각을 오늘의 현실에 빗대어 함의해 봅니다. 대학 입시가 한국사회를 구성하는 중요한 가늠자가 되고 학력이 그 사람의 능력을 규정짓는 잣대로 둔갑한 지는 이미 오래입니다. 즉, 학력이 모두가 잘사는 정의로운 사회를 구성하는 원천적인 부정요소로써 갖는 자의 일부만이 잘사는 무기로 둔갑했다는 말입니다. 그래서 입시 위주의 교육풍토와 주입식 교육, 그리고 암묵적 강압에 의하여 자기 목적을 잃어버리고 입시경쟁의 대열에 참여하고 있는 대부분의 학생들은 이런 현실이 고통스러울 수밖에 없습니다. 심지어 자신과 함께 공부하고 있는 주변의 친구들이 경쟁적으로, 나아가 자기 삶의 정신적 고통까지 감수하는 학생들이 많아지고 있습니다.

이러한 현실 속에서 청소년 자살은 경제개발협력기구(OECD) 회원국 중 수위를 달리고 있는 실정이며, 학생들의 정서는 피폐해졌습니다. 한마디로 우리 학생들은 더불어 살아가는 배려가 턱없이 부족하기 때문입니다. 그럼, 우리나라 학생들의 더불어 사는 능력은 어느 정도일까요?

국제교육협의회(IEA)는 2009년 각국 학생들의 시민의식을 측정하기 위해 36개국 중학생 14만 명을 설문조사했습니다. 그 결과 한국 학생들의 시민의식에 대한 지식은 핀란드, 덴마크에 이어 3위로 꽤 괜찮았습니다. 그러나 더불어 사는 능력은 어떠했을까요? '지역사회를 위해 기부·봉사활동을 할 생각이 있는가?' 등을 묻는 관계지향성, 사회적 협력 영역에선 꼴찌였습니다. 즉 오늘을 살아가는 최고의 덕목이자 이력으로 간주해야 할 더불어 사는 능력이 꼴찌 수준이라니 놀라지 않을 수 없습니다. 우리나라 학생들은 머리로는 인성에 대한 덕목을 잘 이해하고 있지만, 생활 속에서 인성 덕목을 실천하는 데는 적극적이지 않다는 것입니다.

이와 같은 사실은 우리나라의 인성교육 실태를 살펴보면 가히 짐작할 수 있습니다. 인간이 태어나 네댓 살이 되어 의사표현을 할 무렵이면 부모들은 자녀들을 각종 학원으로 내몰고, 상당수 부모는 여기에 영어회화와 영재교육까지 못 시켜서 안달합니다. 초등학교에 들어가면 아이들은 학교에서 돌아와서 졸린 눈을 비비며 다시 학교에서 내준 숙제를 하고 고등학생의 경우는 아예 말할 필요도 없습니다. 교실에 갇혀 하루 종일 박제된 지식과 씨름하는 학생들에게 감성이 자라날 리 만무합니다.

고려대학교 이승환 교수(고려대학교 교우회보: 2003)의 칼럼을 읽고 정리해 놓은 메모를 소개합니다.

"닭은 닭장 안에서 인공조명을 쬐며 '알 낳는 기계'로 전락해 버린 닭들이 -닭들도 고통을 느끼는 유정생명(有情生命)인데- 스트레스가 많습니다. 닭들은 좁은 공간에서 서로 부대끼며, 스트레스를 해소하기 위하여 동료 중에서 '왕따(집단따돌림)'를 만들어 부리로 쪼아댑니다. 학교에서 일어나는 왕따 현상도 닭 공장의 왕따 현상과 같습니다."

오직 입시라는 한 가지 목표만을 위해 성장기의 전 시간을 콘크리트 교실 장벽에 갇혀 경쟁으로 일관하는 학생들은 닭장의 닭들과 같이 살아가는 교육 현실과 다를 바 없는데, 타인에 대한 배려와 생명 존중이 자라날 리 만무합니다. 우리 교육목표에 인간존중, 타인존중과 인간생활에서의 올바른 윤리의 실천은 명문화되어 있으나 구호에 그친 지 오래되었습니다. 오늘날 학교폭력은 날로 증가하고 있으며, 교권이 무너져 가고 있습니다.

큰일 났습니다. 더 이상 머뭇거려서는 안 됩니다. 이제 행복한 민주시민이 숨 쉬는 건강한 대한민국으로 거듭나기 위해서는 국가수준에서 지식교육보다 인성교육이 먼저라는 교육국시(敎育國是)가 있어야 한다고 강력히 주장합니다. 인성교육이 뿌리 내리기 위한 교육방안은 인간을 인간답게 만들 수 있는 교육목표를 설정하고 타인에 대한 사랑과 신뢰를 일깨워 주며 이웃과 함께하는 공동체 사랑 정신이 실천하는 일입니다. 게다가 인간을 둘러싸고 있는 자연에 대한 감수성을 키워주는 교육도 필요합니다. 물론 우리나라의 학교교육에서 인성교육을 펼치고 있긴 합니다. 혹시나 지식교육에 치우쳐 ○, × 인성교육에 치우치지는 않는지 심히 걱정스럽습니다.

선진국의 인성교육은 다양한 인성 체험 프로그램을 운영하고 그 바탕은 배려에 두고 있습니다. 미국의 사례로, 미국의 초·중·고 교육기관인 인성교육협의회(CEP)는 학생들이 국어, 역사 시간에 위인전을 읽고 국가와 사회에 끼친 인물의 삶과 신념에 대하여 토론을 하도록 유도하여 배려하는 인간사랑 정신을 깨닫게 하고 있습니다. 예술교육도 단골 메뉴입니다. 음악을 들으면서 자신의 인생에 대해 생각하면서 감성을 키우도록 하는 수업이 대표적입니다.

한국교육의 병폐인 우리 사회의 학력과 학벌 위주의 권력 지향적 의식구조를 변화시켜서 다양한 능력이 그 영역 안에서 인정받을 수 있는 사회풍토를 만들어야 합니다. 그러기 위한 우선적인 선택은 '학력(學歷)이 그 사람의 능력을 규정짓는 잣대'가 아니고 '더불어 사는 능력'이 오늘을 살아가는 최고의 이력으로 자리를 잡도록 하는 책무성을 학교교육이 담당하고, 더불어 사는 능력을 인증해 주는 책무성은 국가가 담당해야 합니다.

인성이
학력이다

에버레트 라이머는 그의 저서 『학교는 죽었다 (School is Dead)』에서 현재의 학교와 교육제도가 인간의 잠재성과 가능성을 발휘하는 사람이 되도록 하는 것이 아니고 표준화되고 획일화된 사람이 되도록, 즉 하나의 규격화된 상품처럼 생산하도록 만들고 있을 뿐이라고 역설하였습니다.

한국이라는 나라는 학력 지상주의에서 오는 피해를 외치고는 있지만 각종 기업체와 관공서에서의 신규직원 채용에서 합격의 규준이 학력(學歷: 수학(修學)한 이력으로 고등학교 졸업자보다는 대학교 졸업자를 우대, 지방 대학교 출신자보다는 서울 소재 대학교 출신자를 우대하는 등)에 의해 크게 좌우되고 있습니다. 전문대학교 출신보다 4년제 대학 출신자를 우대하고, 4년제 대학 출신도 지방대학 출신보다는 서울 소재 대학 출신을, 서울 소재 대학 출신자 중 SKY(서울대, 고려대, 연세대)대학 출신을 우대합니다. 학력(學力: 학문의 실력 또는 학문의 정도)이 아닌 학력(學歷)을 중시하다 보니 인성은 다음도 아닌 다다음입니다. 어디 그뿐인가요? 국회의원 당선율이나 로스쿨 등 여러 전문대학원 합격률이 이름 있는 명문대학 출신이 높다는 것은 이미 알려진 사실입니다. 우리나라 인생의 품등, 즉 삶의 품등은 학력(學歷)에 의하여 결정된다고 말할 수 있습니다. 그래서 한국사회에서의 한 개인은 싸워 보기도 전에 승패가 가려지고 개인에 따라서는 경쟁도 하기 전에 무임승차가 되는 격입니다. 어느 대학 출신인가에 따라 개인의 신분 상승과 개인이 위치해야 할 수준이 이미 정해져 있다는 사실과 다를 바 없습니다.

세상 모두가 학력지상주의입니다. 그럼, 학력이 높은 사람은 인성도 우수하다고 할 수 있을까요? 그렇다고 대답할 수 있는 사람이 얼마나 될까요? 정말 궁금합니다. 물론 학력이 높은 사람도 인성이 우수한 사람이 적지는 않을 것입니다. 그러나 각종 기업체와 관공서 등에서 우수한 인성을 갖고 성실히 근무하고 있어도 학력(學歷)에서 뒤지면 앞 순위가 되지 못한다는 말입니다. 인성을 측정하기에 객관적인 평가가 쉽지만은 않을 것입니다. 그러니까 가정에서도 학교에서도 인성교육은 뒷전일 수밖에 없습니다.

특히 우리나라는 빈곤에서 탈피하고 그래도 잘산다는 선진국 대열에 입문한 지는 몇 해가 되지 않습니다. 잘살아보자고 앞만 보고 달려온 우리나라는 학력(學歷)에 의하여 성공을 측정하는 잣대로 둔감했습니다. 그 결과로 학교폭력이 사회적 문제로 등장한 지는 강산이 변했습니다. 그럼에도 뚜렷한 치유 방법과 치유 결과는 보이지 않습니다. 최근에 와서야 학교폭력예방교육이 학교교육과정에서 중요한 위치를 차지하고 있습니다. 오죽하면 공부를 잘 가르치는 교사에게는 특별한 인센티브가 없어도 생활지도를 비롯한 학교폭력에 대한 예방교육을 잘하는 교사에게는 부가점을 주는 제도가 생겼을까요! 그 부가점도 승진에 사용하는 큰 점수로 적용한다니 한국교육제도의 현주소를 읽을 수 있습니다.

우리나라의 인성교육은 구호에만 그친 인성교육에 불과합니다. 그래서인지 우리나라는 OECD 국가 중 청소년 자살률이 가장 높은 불명예를 지닌 나라입니다. 특히 학업에 시달린 학생들의 자살률이 높습니다. 누가 이렇게 만들었을까요? 이런 사회를 만들어 놓고 우리 학생들이 건강하리라 기대하는 건 망상일 뿐입니다. 인성교육을 하다 보면 체벌하고 처벌하고 가두고 격리시키는 것이 편리할 수는 있습니다. 그러나 이는 임시방편이고 근본적인 대안이 될 수 없습니다. 정직한 사회 구조 속에 인성이 진정한 학력(學力)으로 인정되지 않는 사회는 학교폭력은 계속될 것이며 폭력적인 대응은 또 다른 폭력을 유발하고 폭력의 재생산이 반복될 것은 뻔합니다.

작지만 최소한의 인성교육의 한 방법을 제안합니다. 이젠 각종 기업체와 관공서에서의 신규직원 채용 시 합격의 규준이, 대학입시의 합격 규준이, 우리나라 학교교육의 최고 학부인 전문대학원 신입생의 합격 규준과 졸업생의 자격 및 면허 부여 규준 등에서 인성이 규준이 되어야 합니다. 뿐만 아니라 각종 시험의 교과목으로 인성과목이 추가되어 합격 규준으로 설정되어야 합니다. 예컨대 학력

(學歷)이 좋은 사람보다는 인성이 좋은 사람이 우대받는 대한민국의
시스템이 마련되는 일입니다. 그래야 인성이 진정한 학력(學力)으로
우대를 받은 최소한의 방법일 것입니다.

내 자식이
최고가 아니다

       갈수록 교사의 권한은 줄어들고 행정보고문서의 양이나 제자에게 얻어맞는 교사는 늘고 있습니다. 들개에게도 돌팔매질을 하면 제자리에서 심하게 짖으며 반항하거나 달려듭니다. 들개도 생명을 보존하기 위하여 반항할 권리가 있습니다. 교실에서는 선생님이 학생을 대상으로 훈육하는 과정에서 제자들에게 폭력을 당합니다. 얻어맞는 교사는 부끄러워 하소연조차 하기 어렵습니다. 얻어맞는 교사가 언론에 보도라도 되면 교사로서의 자격 상실에 가까운 체면을 손상당합니다. 학교교육의 주체인 교사의 권위가 쪼그라들고 있습니다. 하물며 학부모들은 학생들이 바라보는 가운데 교사에게 모욕을 주고 폭행을 했다는 불미스러운 사건도 많습니다. 그래도 학생인권만을 존중할 것입니까? 포퓰리즘을 먹고 사는 수단으로 학생인권만을 외치는 교육자들에게 묻고 싶습니다. 무엇이 우선인가요? 물론 학생인권은 매우 중요합니다. 그래서 교권은 그 다음이어야 하는가요? 학생인권이 존중받으려면 학생인권의 훼손을 예방하는 울타리인 교권이 보장되어야 마땅합니다. 학생인권보다 교권이 우선 존중받아야 한다는 말을 감히 하고 싶지는 않습니다. 확실한 것은 교권이 존경받고 보장되는 사회에서 학생인권이 존중된다는 사실입니다.

필자가 학교에 재직할 때의 경험을 살피더라도 학교폭력 대상자가 해마다 늘고 폭력 방법도 다양하며 폭력의 정도도 심해집니다. 그런데 의아스러운 일은 학교폭력 및 피해자의 85%가 가정환경에 그 원인이 있음을 알 수 있었습니다. 구체적으로 살펴보면 학부모의 입장에서 내 자식이 최고라는 인식을 하는 데서부터 출발합니다. "내 자식이 최고인데 감히 누가 내 자식을 함부로……." 이런 의식을 지닌 가정환경에서 자란 애들은 부모가 나를 보호해 주기 때문에 남을 괴롭혀도, 남을 흠잡아도, 어떤 일을 가해도 보호막이 있다는 인식이 팽배한 나머지 학교폭력 대상자가 되며, 이 같은 학교폭력 대상자는 다시 학교폭력 피해자로 위치를 바뀌게 됩니다. 이처럼 폭력이 폭력을 낳아 결국은 악순환을 거듭하면서 학교폭력은 퍼집니다.

이 같은 학교폭력 대상자의 학부모나 피해자의 학부모는 그 원인을 학교 탓으로 돌리는 경우가 허다하며, 학교장을 찾아 고함을 치거나 학교를 성토하는 일이 잦습니다. 그리고 학급담임의 탓으로 여기는 경우는 애들 앞에서 욕설을 퍼붓고 담임 선생님을 구타하거나 뺨을 내리치는 일도 마다치 않습니다.

애들은 친구와 동료와 함께 어울려 뒹굴면서 커갑니다. 때에 따라 싸우는가 하면 금세 사이좋게 숨바꼭질을 하기도 합니다. 더불어 자라면서 내 자식은 최고로 커갑니다. 내 자식이 최고가 되는 것은 이웃 친구가 만들어 주는 것입니다. 그러니 모든 애들이 최고입니다. 내 아이만이 최고가 아닙니다. 하찮다고 여기는 닭들도 먹이가 나타나면 차지하기 위해 서로를 내쫓습니다. 그러다가도 모래에서 뭉감으면서 집단생활을 하며 살아갑니다.

가정에서부터 우리 애들에게 세상은 혼자서 살아가는 것이 아니고 이웃에 배려하며 나눌 줄 알고 세상의 모든 일에 감사할 줄 아는 경험을 심어주어야 합니다. 혼자서 하는 일은 힘겹고 성과는 매우 적으며 함께 하는 일은 쉽게 해결되며 그 성과도 배가 된다는 사실을 체험으로 가르쳐 주어야 합니다. 불가사의한 피라미드를 혼자서 쌓는다면 가능한 일일까요? 여럿이 힘을 모았기에 그 무거운 돌을 높이 쌓을 수 있어서 불가사의한 창조물을 만들었다는 이야기도 그림책을 보여주면서 들려줍니다.

일본에서는 애들에게 남에게 폐를 끼치지 않도록 가정에서부터 교육을 합니다. 공공장소에서 소란을 피우는 아이들에게는 반드시 부모로부터 "야메나사이(그만두세요). 메이와쿠데스요(남에게 피해를 줍니다)."라는 꾸중이 뒤따른다고 합니다. 이는 가정에서부터 집단생활을 위한 공동체 의식을 일깨워 주는 출발입니다.

큰 사고와 좋은 인성은
집단 속에서 자란다

최근에 와서는 "다수의 개체들이 서로 협력하거나 경쟁을 통하여 얻게 된 지적 능력으로 일컫는 집단지성(集團知性, Collective Intelligence)교육"에 관한 학습이론을 강조하고 있습니다. 그래서 '2007 국가수준 교육과정'에서는 학교교육에서 집단적으로 이루어지는 체험학습과 취미와 개성이 같은 또래 동아리 활동을 교육과정으로 편성하고 수업에서는 토론학습을 권장하고 있습니다. 나만의 생각보다는 '내 생각에 네 생각이 더해질 때' 보다 질 높은 사고를 창출할 수 있기 때문입니다. 이 학습이 협동학습입니다. 협동학습은 수준이 다른 학습자들끼리 모여 생각 주고받기를 통하여 보다 수준이 높은 새로운 사고를 일구어내는 학습방법입니다. 나만의 사고는 폭과 깊이가 한정되어 있어, 협동학습이 이루어지면 사고의 깊이와 폭이 넓어집니다. 생각을 나누고 더하는 사회에서는 '배려하는 인성'을 나눌 수 있는 사회로 성장하는 데 도움이 되기도 합니다.

최근 모범 사례로 떠오른 북유럽의 교육 모델도 '모두가 함께 발전하자'에서 출발한다고 합니다. 핀란드 교육개혁의 선구자인 에르키 아호 전 핀란드 국가교육청장은 "경쟁은 경쟁을 낳아 결국 유치원생까지 경쟁의 소용돌이 속에 말려들게 될 것이다. 학교는 좋은 시민이 되기 위한 교양을 쌓는 과정이고, 경쟁은 좋은 시민이 된 다음의 일"이라는 철학에 따라 교육을 재편했습니다. 전통적으로 추구한 평등교육의 실현을 위해 그룹 활동 등으로 학생들이 상호 협력하면서 문제를 해결하여 공동체 의식과 소통능력을 키우도록 하고 있습니다. 또 핀란드 종합학교는 12년간 등수를 매기는 시험을 한 번도 치르지 않는다고 합니다. 졸업 때에만 단 한 번 평가시험을 보지만, 틀린 답안을 설명해 주기 위한 차원에서 치르는 시험이라고 합니다. 한 줄 세우기 위한 교육이 아니고 모두가 동반 상승하는 교육을 지향하고 있다는 논거입니다. 독일교육은 경쟁에서 벗어난 교육, 절대평가와 논술형 시험 등이 대표되며, 교사의 권위와 자율을 철저히 존중하고, 학교와 가정이 자연스럽게 연계되어 인성교육을 진행하고 있습니다. 독일에서는 지식교육도 인성교육의 일환으로 이루어지고 있으며, 진짜 실력은 인성이라는 교육의 틀에서 학력을 인정해 주고 있습니다.

한국교육은 어떤가요? 한 줄 세우기 교육, 앞으로나란히 교육, 누가누가 잘하는가 교육, 일등만이 존재하는 교육이 성행하고 있습니다. '오로지 최고만이 살길이다.'라고 부추기는 교육에 기반하고 있는 실정입니다. 한국사회는 어느 인물의 능력과 이력을 소개할 때, "우선 어느 대학 출신입니다. 수석으로 입학했고 수석으로 졸업했습니다. 부모는 엘리트 출신이며, 그가 살고 있는 곳은 강남입니다." 등 혼자만이 잘했다는 형식입니다. 그러나 유럽과 북미에서는 이웃에게 더불어 무엇을 했고 어떤 자선 단체에서 어떤 직책을 맡고 있으며, 빈민가에서 인권을 보호하기 위해 무엇을 했다 등 배려와 나눔을 실천하고 개인이 가진 지식을 사회와 인류를 위해 어떤 도움을 주었는지를 소개한다고 합니다. 한국이 추구하는 인간상은 유럽이나 북미에서 추구하는 인간상과는 확연히 다르다는 것을 파악할 수 있습니다. '혼자만이 잘해야 하는 한국의 인간교육과 여럿이 더불어 잘해야 하는 유럽이나 북미의 인간교육' 이점에서만큼은 크게 다릅니다.

박순용 연세대 교수는 "한국의 교육체계는 소수의 승자와 다수의 패자를 양산하는 형태"라며 "지나치게 일찍부터 패배주의 의식을 심어주는 것은 사회적인 병폐를 키울 수 있다고 지적"합니다.

혼자만이 잘하는 사회에서는 배려가 없고 나눔이 없어 감사가 있을 수 없습니다. 집단 속에서 더불어 자란 애들은 상대가 있기에 배려가 있다는 것을 알게 되고 부족함을 나눌 줄 알게 됩니다. 이웃과 더불어 오가는 배려와 나눔 속에 감사를 경험할 수 있는 애들은 모두가 명랑한 사회 속에서 살아가는 세상을 선도할 수 있게 됩니다.

한상복 저자가 쓴 『배려』라는 책에 "배려는 선택이 아니고 공존의 원칙이다. 사람은 능력이 아니라 배려로 자신을 지키며 사회는 경쟁이 아니라 배려로 유지된다."고 쓰고 있습니다.

이제라도 학교교육은 물론 가정에서부터 우리 애들에게 함께 사고하며 공부하고 함께 배려하는 아름다운 집단생활의 기회를 제공하는 일이 우선입니다.

교실수업은
인간존중을 으뜸으로 한다

우리 애들이 의욕적으로 학습을 정진하고 품격 높은 인격을 지니도록 하는 방법으로서의 교실수업은 자주적으로 탐구하고 인간중심의 창조하는 학습장으로서 존중되어야 합니다. 인간존중 교실수업의 세 가지 원칙을 구체적으로 살펴봅니다.

교실수업은 인간적이어야 합니다. 교실수업은 가치 있는 사회를 건설하기 위한 실험장이며 인간의 가장 가치 있는 삶의 방식을 터득하는 데 초점을 둔 인간교육의 산실이 되어야 합니다. 교육의 바탕과 교육의 최종적인 목표가 올바른 인간성 육성에 두지 않는다면 그 어면 교육이 이루어지더라도 이미 교육은 없습니다.

교실수업은 자주적이어야 합니다. 자주는 남의 힘을 받거나 간섭을 받지 않으며 자기 뜻대로 행하는 것입니다. 교실수업은 학생에게 주어진 학습과제를 주도하여 자발적이고 적극적으로 해결하는 학습의 장이며, 교사는 사고의 촉진자로서의 도움 역할에 충실할 뿐입니다. 교사 중심이 아닌 학생이 학습의 주인이 되어 학습자 주도의 학습결과물을 자주적으로 창출할 때 인간존중을 실현하는 길입니다.

교실수업은 탐구적이어야 합니다. 깊이 생각하면서 탐구해 보는 습관이 몸에 배면 창의성은 저절로 키워집니다. 탐구는 새로운 것을 발견해 내는 능력이 아니고 이미 만들어진 지식을 찾아내는 재발견 능력입니다. 재발견 경험이 없이 창의적인 사고력은 키워지기는 어렵습니다. 즉, 이미 만들어진 지식과 원리의 이치를 깊이 생각해 보고 밝혀내는 공부가 탐구입니다. 그리고 탐구한 지식을 적용해 보고 응용해 보는 경험을 갖도록 해야 합니다. 생명력 있는 지식을 창출할 수 있는 탐구력은 허용적인 분위기에서 인간존중을 으뜸으로 할 때 가능합니다.

인간존중 교실수업은 교사와 학생 간에 인간적인 휴머니즘이 소통하는 공간으로 자신과 동료와 사회적 관계능력을 키우는 정의적인 공부를 수행하는 공간입니다. 서울심리상담센터 권영민 부소장은 "형제자매 없이 홀로 자라는 요즘 아이들은 부모에게 지나치리만치 존중을 받으면서 자라지만, 가족이 아닌 다른 공동체의 구성원으로서 스스로 존중감을 갖고 자신의 위치를 파악하거나 더불어 생활하는 정서적인 능력은 현저히 떨어진다"고 지적했습니다. 또 권 부소장은 "학업성적을 가장 중요하게 여기면서 결과만 따지고 과정을 소홀히 여기는 풍토, 부모가 짜 놓은 일정에 따라 애들이 다람쥐 쳇바퀴 돌 듯 살아가는 요즘 상황에서는 정서지능이 높은 아이를 기대하기 어렵다"고 덧붙였습니다. 정서적인 능력은 타고나는 부분도 있으나 다양한 관계 맺기 경험을 통해 상당 부분 형성되는데, 요즘 아이들은 이런 경험을 할 기회가 적습니다. 전문가들은 정서지능을 높일 수 있는 방법은 하나같이 '다양한 경험'을 꼽습니다. 정서는 지식과 달라서 책을 읽고 지식만을 쌓는 것이 해결책이 될 수 없을 것입니다. 자신의 감정을 스스로 들여다보거나 상대의 느낌을 파악하고자 처지를 바꾸어 생각해 보는 등 '훈련'이 필요합니다. 그래서 교실이라는 공간은 자신과 남의 감정을 파악하고, 감정을 효과적으로 조절해 상황에 대처하는 정서지능(EI: Emotional Intelligence)을 우선 튼튼하게 하고 정서지능을 키우는 곳입니다. 지력을 다지는 공부는 정서지능을 키운 다음일 때, 비로소 인간존중 교실수업 모형입니다.

인성교육은
나를 사랑하는 일부터 출발한다

최소한 21세기에 들어와 우리나라 청소년들은 폭력과 폭행을 일삼고 집단 따돌림이 팽배하여 동료를 멸시하는 불건전한 문화가 팽배하고, 교실이 무너지고 있다고들 합니다. 예컨대 청소년들의 도덕성이 문란하여 인권이 무너지고 인간의 존엄성을 상실하게 하는 혼돈 세대에 놓여 있습니다. 그래서 인성교육진흥법이 2015년 7월 21일에 발효되어, 전국적으로 인성교육을 실시하고 있습니다.

이 법은 「대한민국헌법」에 따른 인간으로서의 존엄과 가치를 보장하고 「교육기본법」에 따른 교육이념을 바탕으로 건전하고 올바른 인성(人性)을 갖춘 국민을 육성하여 국가 사회의 발전에 이바지함을 목적으로 한다.' 명시하고 인성교육을 '자신의 내면을 바르고 건전하게 가꾸고 타인·공동체·자연과 더불어 살아가는 데 필요한 인간다운 성품과 역량을 기르는 것을 목적으로 하는 교육을 말한다.'고 정의하고 있습니다.

인성교육의 '핵심 가치·덕목'이란 인성교육의 목표가 되는 것으로

예(禮), 효(孝), 정직, 책임, 존중, 배려, 소통, 협동 등의 마음가짐이나 사람됨과 관련되는 핵심적인 가치 또는 덕목이라고 명시했습니다.

필자는 인성교육진흥법에 관련하여 세 가지를 덧붙임합니다.

물론 인성교육은 세계에서 유례를 찾아볼 수 없는 인성교육진흥법 시행령 공포로 시행에 들어갔습니다. 인성교육의 중요성에는 모두 공감한 나머지 법으로 설정하기에 이르렀습니다. 인성교육은 학교교육과정에 편재하여 정규 교과목으로 수업에서 가르치거나 주입시키는 것도 중요하지만 인성을 스스로 기르도록 도와주는 일이 중요합니다. 인성과 같은 가치관과 태도 교육은 오히려 잠재적인 교육과정의 영향을 더 크게 받습니다. 따라서 국민 모두가 인성교육의 롤모델이 되어야 합니다만 무엇보다도 사회 지도층의 품격 높은 인성이 요구됩니다. 그러나 요즈음 매스컴이나 SNS를 통해 일부 사회 지도층이나 권력 핵심에 있는 이들의 부적응적인 행동, 처신 등이 사회의 질서를 어지럽히고 있어 자라는 아이들의 올바른 인성 함양에 영향을 미치고 있습니다. 하물며 애를 키우는 부모와 인성을 가르치는 교사는 먼저 올바른 인성이 갖추어져야 합니다. 즉, 인성교육의 롤모델로서의 자질을 지니고 있어야 합니다.

자칫 잘못하여 인성교육을 '핵심 가치·덕목'에 치중하여 무조건적으로 국가와 사회에 순응하는 인성교육이 되어서는 안 됩니다. 올바른 인성교육은 핵심 가치 덕목을 체질화하도록 하는 일은 물론이지만, 올바른 인성을 함양하여 불의를 미워하고 정의로운 사회를 위하여 수범적인 자세를 갖도록 하는 것도 중요합니다. 이와 함께 민주적인 가치를 훼손하는 일을 바르게 선도하고 독재를 멀리하며, 비리와 폭력을 없애는 데도 수범적인 자세를 갖도록 하는 일이 중요합니다. 인성교육이 인지 상태에 머무르기보다는 바람직한 행동으로 실천되는 인성교육이 되어야 합니다.

다음은 무엇보다도 강조하고 싶습니다. 올바른 인성교육은 자기를 사랑하는 일부터 출발해야 한다고 주장합니다.

우리나라 자살률이 OECD 국가 중 1위라는 불명예를 지니고 있습니다. 하루에 40여 명이 자살하고 일 년에 15,000명이 자살하며, 그중에서도 대학생을 포함한 학생이 가장 자살을 많이 한다고 합니다. 이게 사회적 문제가 아닐 수 없습니다. 이런 불미스러운 일은 나를 사랑하지 않기 때문입니다. 인성교육의 출발은 나를 사랑하는 일부터 출발해야 합니다.

심리학자 배르벨 바르데츠키의『너는 나에게 상처를 줄 수 없다』에서 다음과 같이 역설하고 있습니다.

"나를 사랑하는 사람은 자존감(self-estem)이 높습니다. 자존감은 '다른 사람이 나를 어떻게 평가하든 나는 충분히 사랑받을 가

치가 있는 사람이다' 라고 믿는 마음입니다. 그것은 우리가 우리 자
신을, 우리의 특성과 능력을, 그리고 우리의 감정을 긍정적으로 평
가하고 인정하는 것으로부터 시작됩니다."

자신의 가치를 존중하고 자기를 사랑하는 것은 자신을 지탱하
는 힘이며 자존감을 높이는 길입니다. 자신을 미워하거나 증오하
는 사람은 자신을 세우는 기둥이 없습니다. 그래서 남과 비교되어
스스로의 위치를 낮게 평가하고 할 수 없다는 자긍심을 상실할뿐
더러 사회에서 열등생이라고 스스로를 낮게 평가합니다. 결국 나
를 사랑하지 않는 사람은 성공할 수 없습니다. 나를 사랑하지 않
는 사람은 나를 잃어 갈 곳이 없는 감옥에 갇힌 것과 다를 바 없다
고 여깁니다. 자기를 사랑하지 않는 사람이 올바른 인성을 가질
리 없습니다.

나를 사랑하지 않은 사람은 남을 사랑할 줄도 모릅니다. 나를 사
랑해야 남도 사랑할 수 있습니다. 나를 사랑하지 않기에 스스로가
자기 인권과 인간의 존엄성을 무시합니다. 나를 사랑하는 사람은
나의 인권과 나의 존엄성을 소중하게 생각하기 때문에, 남의 인권
과 인간 존엄성을 존중하게 됩니다.

역사학자 토인비는 '21개의 뛰어난 문명 중에서 19개는 외부의
침략이 아니라 내부의 도덕적 쇠락으로 멸망했다'고 분석했습니다.

미래를 책임질 우리 아이들의 인성을 잘 가꾸지 못하면 우리의 번영과 문명은 쇠락할 것입니다. 그 어느 때보다도 나를 사랑하는데서 출발하는 인성교육이 필요합니다. 나를 사랑하는 사람은 남을 사랑할 줄 알고 있습니다. 내가 나를 사랑하고 모두가 자기를 사랑할 때, 모두가 행복하고 살아갈 만한 공간으로 충만해질 것입니다.

아름다운 인성은
진선미 교육에서 채워진다

추상적이기는 하지만 아름다움은 본디 보거나 듣기에 좋은 느낌을 가지게 할 만하고 즐겁고 화려하기도 하고 예쁘고 곱습니다. 그리고 아름다움은 남에게 시선을 끌기도 합니다. 그러나 가장 아름다움 일은 아름다움을 풍기는 인간이 가장 아름답다고 표현하면 좋을 듯싶습니다. 그런데 아름다움을 풍기는 인간은 무엇이 갖추어져야 할까요? 아마도 진·선·미가 다져진 인간이 아닌가 합니다.

본디 진(眞)은 거짓이 아닌 사실이나 이치 등을 말합니다. 이러한 존재의 가치를 진이라고 하며 변하지 않은 가치입니다. 학문연구를 진리탐구라는 말로 표현하는 것도 이 때문입니다.

다음으로 선(善)은 사람으로서 행하여야 할 윤리적 가치의 탐구로 도덕적 규범이며, 도덕적 규범은 선의 하위 개념입니다. 아무래도 선은 인간생활의 최고의 이상으로 간주합니다.

미(美)는 예술적 추구의 대상이 되는 가치입니다. 진과 선이 지적 판단에 의지하고 객관성을 중요시한다면 미의 가치는 정적(情的)인

느낌에 의지하고 주관적 판단이 중요시되며 아름다움 그 자체이기도 합니다.

그럼, 진·선·미(眞·善·美)가 갖추어진 사람은 어떤 사람일까요? 한 인간이 '진실하고 예의범절이 갖추어져 있으며, 아름다움을 추구한 사람'으로 짧게 정의할 수 있습니다. 이처럼 한 인간이 진실한 태도로 착하고 올바르게 표현한 행동이 남에게 전달되어 느껴진다면 상대를 아름다운 사람이라 할 수 있습니다.

때문에 아름다운 인성을 지닌 사람으로 가꾸기 위해서는 가정에서는 학교교육에서 어떤 방법으로 지도해야 할까요?

아름다움은 주관적인 느낌을 전제로 하기에 아름다움을 지도하는 사람 자신이 아름다워야 피교육자에게 전달이 가능합니다. 예컨대 지도하는 사람은 상대에게 모델이 되어야 한다는 것입니다. 가르치는 사람이 페스탈로치가 아닐지라도 페스탈로치다운 사람이 페스탈로치의 행동철학을 가르쳤을 때 가슴에 와 닿는 학습이 되어 감화를 받게 됩니다. 본디 도덕이나 윤리 교육은 학습자에게 감화를 주는 교육이 되었을 때 효과가 더 큽니다. 그래서 학습자는 가르치는 사람의 능력 수준을 능가하지 못한다는 말이 있습니다.

그럼 어떤 진·선·미 교육 내용을 교재에 담을까? 해답은 어렵지 않습니다. 행동은 이념으로는 체질화되지 않습니다. 아름다운 행동을 역할놀이나 연극, 영화를 이용할 수도 있습니다. 그러나 이 방법은 이념을 전달하는 수단일 뿐입니다. 반드시 체화과정을 거쳐야 합니다.

우리는 가정, 학교, 사회에서 이루어지는 집단생활에서 학습자가 참된 마음으로 예의범절을 상대끼리 베푸는 좋은 장면이 조성될 때부터 아름다운 인성이 채워져 갑니다. 아름다운 인성은 단시일에 채워지지 않습니다. 아름다운 행동은 어느 정도 지속적이고 안정적으로 생활에서 체화과정을 통해 점진적으로 채워집니다.

주고받고 나눌 줄 아는 인성은
생존철학이다

영국의 총리이자 노벨문학상을 받은 윈스턴 처칠(Winston Churchill)은 "우리네들 일상생활은 가진 것으로 꾸려가지만 삶은 베푸는 것으로 이루어진다."는 명언을 남겼습니다. 먼저 용서하며 서로 손잡아 주어 서로가 따뜻하고, 좀 더 너른 마음으로 나를 비우고 배려하는 아름다운 사회를 그려보면서 주고받고 나눌 줄 아는 생존철학, 즉 배려를 생각하면서 세 가지 이야기를 소개합니다.

서울대학교 윤석철 명예 교수의 '경영학의 진리체계'에서 세종대왕은 백성을 고객으로 생각하고 고객의 필요와 아픔, 고객의 정서가 무엇인지를 감지하는 위대한 감수성을 발휘했다고 피력하고 있습니다. 그 까닭은 세계의 어문학자들이 감수성의 본질인 민연(憫然)의 정이 담긴 한글을 접하면서 세 번 놀랐기 때문입니다.

먼저 한글의 훌륭한 성능과 배우기 쉬운 점에 처음 놀라고, 둘째, 한글이 왕정시대의 한 군주에 의해 계획적으로 개발되었다는 사실에 놀라고, 셋째, 훈민정음 반포문에 나오는 '민연(憫然)'이라는 단어에 놀란다고 합니다.

여기에 나타난 민연의 뜻을 경희대 교수 진용옥은 '어여삐 여겨 아낌없이 주거나 조건 없이 베푼다는 인보주의(때로는 가엽게 여긴다는 뜻도 있지만)를 지칭한다.'라고 했습니다. 한글 창제는 국민을 위한 위대한 배려였습니다.

마르셀 모스(Marcel Mauss)의 증여론에서 민연의 의미를 지닌 사실적인 실화를 접할 수 있습니다. 원시시대 사람들은 아낌없이 선물을 줌으로써 사회적인 약자를 도와주거나 타인에게 우호적인 감정을 생기게 했습니다. 그것은 부의 재분배 과정이며, 사회적 유대를 쌓는 과정이고, 사회적 권위(혹은 명예)를 유지하는 과정이었습니다. 포틀래치(potlatch: 미국 북서부 인디언의 치누크족)의 축제에서 추장은 자신이 지닌 재산이나 다른 추장에게서 받은 선물을 부족민들에게 아낌없이 나누어 줌으로써 추장으로서의 명예를 지키고, 부족민들의 지지를 받으며, 어려운 부족민들을 도와주었습니다.

여기에서 선물로 제공되는 물건은 영혼이 있다고 여겼고 다른 사람에게 선물을 주는 것은 자신의 일부를 주는 행위였습니다. 그것은 선물에 대해 답례를 해야 하는 이유이기도 했습니다. 모스는 사물뿐 아니라 육체적인 노동이나 정신적인 도움에도 이 관점을 적용했습니다. 어떤 사람에게서 무엇을 받는다는 것은 그 사람의 영혼의 일부를 받는 것이 된다고 생각했습니다. 시장경제에서의 매매 행위 혹은 물물교환 경제에서의 주고받기(give and take)와는 사뭇 다른 사회관계입니다.

물건을 가진다는 것은 그것이 온전히 나의 것이 된다는 것이 아니라 단지 물건을 관리하게 된다고 생각했습니다. 내가 소유한 물건은 다른 사람에게서 나온 것이기 때문에 원칙적으로 내가 가질 수 없으며, 물건을 획득하게 되면 가능한 한 빨리 다른 사람에게 넘겨야 한다는 것입니다.

필자는 이 실화에서 가능한 많은 양의 음식과 재물을 마련하여 참석한 사람에게 무료로 나누어 주는 민연의 정에 관심을 두고자 합니다. 모두가 살 수 있는 공리공생의 삶의 방식을 터득할 수 있게 해주기 때문입니다. 포틀래치는 배려하기 위한 수단으로서의 축제로 그 기능을 다했습니다.

펀드온라인코리아 대표 차문현의 '먼저 줄 수 있는 배려'를 소개합니다.

중국 한나라 때 유향이 편찬한 설화집 『설원』에 이런 이야기가 나옵니다. 진나라 왕 목공이 가뭄을 시찰하러 기산 아래 이르렀는데 아끼던 말이 달아났습니다. 목공이 직접 말을 찾아 나섰더니 농부들이 그 말을 잡아 불에 구워 먹고 있었습니다. 주위 신하들이 농부들에게 벌을 주어야 한다고 말했습니다. 하지만 목공은 오히려 신하들을 꾸짖고 농부들에게 다가가 사정을 물었습니다. 농부들은 며칠째 아무것도 먹지 못했다고 말했습니다. 이에 목공은 탄식하며 말했습니다. "말고기를 먹으면서 술을 마시지 않으면 탈이 난다고 합니다." 그러면서 자신의 말을 잡아먹은 농부들에게 오히려 술을 베풀었습니다. 그로부터 1년이 지나고 전쟁이 일어났습니다. 진나라군은 수세에 몰렸고 목공이 탄 전차가 적군에게 포위당했습니다. 그 순간 갑자기 농부들이 나타나 돌격해 왔습니다. 손에 각종 농기구를 든 농부들은 필사적으로 싸워 적군을 물리치고 목공을 구했습니다. 이를 본 진나라군은 사기가 고조돼 용감하게 싸웠고, 마침내 전쟁에서 승리했습니다. 이에 목공이 농부들에게 큰 상을 내리려 하자 농부들이 일제히 무릎을 꿇고 말했습니다. "임금님이 저희를 살려주신 은혜에 보답하기 위해 싸운 것이지, 상을 받기 위해 싸운 것이 아닙니다." 그들은 기산에서 임금의 말을 잡아먹었던 농부들이었습니다.

'논어'에 '덕불고필유린(德不孤必有隣)'이라는 말이 있습니다. 주변 사람들에게 좋은 일을 많이 하여 덕을 가진 사람은 때로는 위기가 닥치고 힘든 순간이 생기더라도 주변에 함께하는 사람들이 있어서 절대 외롭지 않다는 뜻입니다.

인간관계에 있어 많은 사람들이 저지르는 실수 가운데 하나는 당장의 이익만을 생각하는 것입니다. 눈앞에 보이는 이익만을 따져가며 사람을 대합니다. 이익이 없으면 조금도 손해 보지 않으려고 합니다. 하지만 인생은 정말 알 수 없습니다. 많은 부와 높은 지위를 가진 사람이 하루아침에 빈털터리로 주저앉을 수도 있고, 별반 가진 것 없던 사람이 어느 날 큰 성공을 이루기도 합니다. 물론 어떤 이익에 대한 기대 없이 주기만 하며 산다는 것은 결코 쉬운 일이 아닙니다.

인류학자 마르셀 모스는 재화와 서비스, 말과 상징 그리고 사람의 주고받음에 의해 인간 사회의 삶이 유지된다고 말했습니다. 사람 사이에 서로 주고받음은 사회를 유지하고 지속 가능하도록 만드는 중요한 기반입니다. 윤석철 서울대학교 명예교수는 이러한 주고받음에서 성공하기 위해서는 먼저 줄 수 있어야 한다고 강조합니다. 정부와 국민, 기업과 소비자, 그리고 가정에서 부부 사이 모두가 고객 관계이고 주고받음의 현장이라며 주고받음의 관계에서 성공하려면 고객이 좋아하는 것이 무엇인지를 알아야 한다고 말했습니다.

어쩌면 주기만 한다는 것은 이 세상에 존재하지 않을 수도 있습니다. 한상복 작가가 쓴 『배려』라는 책에 이런 말이 나옵니다.

"주는 사람 입장에서는 아깝기만 한 그 부분, 다시 말해 손해 보는 것 같은 그 가치는 어디로 간 것일까? 받은 사람이 독식하는 것일까? 그 가치는 받은 사람이 혼자 누리는 게 아니다. 고스란히 쌓여 다시 돌아오게 돼 있다. 돌아올 때는 다른 것으로 바뀐다. 만족이나 보람일 수도 있고 찬사나 존경일 수도 있다. 성공은 그렇게 이뤄지는 것이다."

결국 성공적인 인간관계는 먼저 줄 수 있는 배려에서 시작되는 것이 아닐까 합니다.

2015년 8월 초·중순은 우리나라 재계 최상위권인 롯데그룹의 경영권 분쟁이 두 아들 사이에 벌어졌습니다. '너 죽고 나 살기'식의 한판 전쟁이었습니다. "누가 이렇게 거대한 기업으로 만들어 주었는가?", "대한민국과 국민이 아니면 과연 이 기업이 생존해 있을까?" 경영권 분쟁 두 당사자의 아버지가 생존해 계심에도 불구하고 더 많이 차지하려고 지배구조의 한국경제 질서를 문란케 했습니다. 지켜보는 국민들을 조금이라도 염두에 두지 않은 골육상쟁이었습니다. 뿐만 아니라 요즘 세간에서는 돈 때문에 부모와 자식 간, 형제 간에 칼부림이 나기도 하고 그 이상의 죄를 범하기도 하는 일이 심심찮게 발생하고 있습니다.

이처럼 '너 죽고 나 살기'식의 모형은 결국은 '너 죽고 나 죽고'식의 투쟁적인 삶이 될 것입니다. 독자들께서는 이런 사회를 상상이라도 해보고 우리의 미래를 그려보셨는가요? 밝고 명랑하고 살만한 행복 사회를 구축하기 위해서는 '너 살고 나 살고' 모형이 필요합니다.

인성교육의 출발은 배려이며, 배려를 다지는 교육은 인성교육의 출발점인 가정과 학교교육에서 지도되어야 합니다. 학습된 배려가 서로가 공존하면서 인간답게 살 수 있는 생활의 양식으로 자리를 잠을 때, 비로소 인성이 실력으로 인정된 인성 강국이 될 것입니다.

경봉 대선사의 법어가 생각납니다. "물질에 어두워 근심 걱정에 잠겨 살게 되면 행복이나 성공이 오다가도 돌아서 버립니다. 돈에 애착을 적당히 내려놓을 줄 알아야 하고 비울 줄 알아야 합니다. 내려놓고 마음을 비우면서 늘 쾌활하고 명랑하고 낙관적인 기분으로 살아야 행복과 성공이 나에게로 깃드는 것입니다." 배려라는 생존철학을 말씀하신 것입니다. 배려는 인간이면 응당 실천해야 하는 덕목이자 생활철학으로 자리매김해야 합니다.

밥상머리교육은
통합적인 인성교육의 마당이다

인간이 태어나서 맞이하는 최초의 교사는 부모입니다. 그리고 최초의 학교이자 교육이 출발하는 곳은 가정입니다. 인간은 태어나 가정에서 부모로부터 직간접적으로 생애교육(life long education)을 받게 됩니다. 실질적으로 생애 첫 교사인 부모와 학생인 자녀가 함께하는 공간은 밥상머리입니다. 그래서 밥상머리교육이 태동하게 되었습니다.

최근에 와서는 학교폭력이 빈번하고 교사가 학생으로부터 폭력에 시달려야 하는 등 인성교육 측면에서 학교폭력은 사회적인 문제로 해결해야 할 우선 과제로 취급받고 있습니다. 이와 같은 학교폭력은 학교 및 교사 몫으로 그 책임을 돌리고 있습니다. 그러나 최초의 학교인 가정에서 생애의 첫 교사인 부모로부터의 밥상머리교육이 의도적으로 이루어졌다면 인성교육법이 제정되지는 않았을 것이라 생각해 봅니다. 감히 말하건대 학교폭력은 학교교육과 사회교육의 탓만이 아니라 가정 교육의 부재 내지 소홀한 것에도 그 책임이 있다고 사료됩니다.

마침 학교폭력이 학교교육에서 해결해야 할 시급한 교육과제로 대두할 당시 필자가 2006년 광주광역시교육청 초등교육과 초등장학사로 재직할 때였습니다. 초·중·고등학교용 대상 「마음으로 느끼고 몸으로 움직이는 인성교육」 장학자료(2006-5호)를 주관하여 개발하고 각급 학교에 보급한 바 있습니다. 그 장학자료 속에 '밥상머리교육' 내용을 7쪽으로 알뜰하게 작성하여 게재하였습니다. 밥상머리교육이라는 용어를 사용하여 광주광역시교육청이 개발한 이 자료는 타 시·도교육청을 앞서가는 인성교육 자료이기도 하였습니다. 당시는 밥상머리교육을 구호로만 외쳤지, 밥상머리교육의 개념과 그 콘텐츠를 알고 있는 구성원은 많지 않았습니다. 이 밥상머리교육은 오늘날 교육부는 물론 각 시·도교육청에서 제시하는 인성교육의 장학덕목이기도 합니다.

　밥상머리교육은 교육부에서 「밥상머리는 교육의 장입니다」이라는 제목으로 1992년에 소책자로 제작하여 전국 각급 학교에 보급하였고 이후 당시 교육과학기술부에서 학부모용 길라잡이 「밥상머리교육」 자료를 2012년에 제작하여 보급하였습니다. 한편 필자가 광주광역시 문산초등학교장으로 재직할 당시 광주광역시교육청에서 각급 학교를 대상으로 「밥상머리교육 이렇게 합니다」 홍보자료를 제작하여 보내 왔기에, 이를 가정통신문으로 발송하였고 자체적으로 가정이 아닌 학교에서도 학교밥상머리교육을 실천하도록 애써 일깨우기도 했습니다.

인성교육의 장학덕목으로 제시한 밥상머리교육을 이루는 콘텐츠 몇 가지를 소개합니다. 밥상머리교육은 가족이 모여 함께 식사하면서 대화를 통해 가족 사랑과 인성을 키우는 것을 말합니다. 온 가족이 한자리에 모여 음식을 같이 준비하고 함께 나눕니다. 가족이란 함께 밥을 먹는 사람을 말합니다(식구, 食口) 가족식사는 대화와 토론의 장입니다. 하루 일과를 나누고 서로의 감정을 공감하는 소통의 시간입니다. 가족 간의 대화는 부모와 자녀 사이의 거리를 좁혀줍니다. 가족식사는 기본적인 예절을 배우고 남을 배려하는 인성을 키우는 시간입니다. 이 모든 과정을 통하여 가족의 사랑을 확인하게 됩니다. 본디 식사는 지역과 시간을 초월하여 음식을 함께 나누는 것은 유대감을 표현하는 보편적인 방법이었습니다. 음식은 사람들 사이의 유대감을 강화시켜 줍니다. 가까운 사람들일수록 식사를 함께하며 인간관계를 돈독히 해 줍니다.

　밥상머리교육은 식사 시간에만 이루어지는 것은 아닙니다. 시간과 장소를 상관하지 않고 수시로 이루어질 수 있습니다. 다만 식사 시간에 모든 가족이 모일 수 있기 때문에 밥상머리교육의 장면으로는 최상일 수 있습니다. 생일 축하, 제삿날, 명절, 잔칫날 등 다양한 모임에서 이루어질 수 있습니다. 학교에서는 급식 시간에도 아침 조회, 종례, 수업시간 등 학교교육과정 전 영역에서도 밥상머리와 같은 교육이 이루어질 수 있습니다.

　밥상머리에서 이루어지는 교육으로는 우선 예절교육입니다. 웃

어른과 아래 사람과의 상하 예절, 가정과 바깥, 학교의 실내외에서 갖추어야 할 거리 질서 예절, 버스 정류장, 기차역, 은행 등에서 갖추어야 할 차례 질서 예절, 식사(급식) 예절, 동료 간 친구 간에 지켜야 할 예의범절, 인사예절 등이 이루어집니다. 그리고 많은 사람이 모인 곳과 많은 사람이 사용하는 건물과 장소에서 갖추어야 할 공중 예절 등 기본 생활 습관에 관한 교육 등 다양한 예절교육이 이루어집니다. 밥상머리교육은 예절교육과 더불어 교과 공부도 자연스럽게 이루어집니다. 학교에서 즐거웠던 공부와 부족했던 공부도 대화 과정에서 이루어지게 됩니다. 그리고 선생님과의 관계, 동료 간의 도움주기 공부 등 학교에서 일어난 다양한 사정을 가족과 함께하는 식사 시간에 주고받은 과정에서 가족들이 이해할 수 있게 되어 공부에 대한 동기붙임과 자긍심을 일깨우는 계기가 됩니다. 이러한 과정에서 부모님들께서는 자연스럽게 애들의 공부에 대한 고충을 이해하게 되고 멘토 역할을 자연스럽게 수행하게 됩니다.

전통에서 배우는 밥상머리교육은 우리나라뿐만 아니라 외국에서도 이루어지고 있습니다. 우리나라의 대표적인 명문가인 류성룡가(家)는 류성룡에 이어 직계 손 모두 벼슬길에 오르고 현재에도 훌륭한 인물을 많이 배출한 집안입니다. 그러나 교육관은 무척 단순했습니다. 그저 밥상머리에서 가족이 함께하고, 최소한 지켜야 할 것만으로도 교육이 된다는 것입니다. 그 옛날 어른이 먼저 수저를 들 때까지 기다려야 하는 태도는 절제를, 같이 나누어 먹는 태도는 타인에 대한 배려를 익히는 훈련이자 습관이 되어 성공을 위한 기반이 되었습니다.

이어 사대부 집안의 밥상머리교육은 이렇습니다. 예로부터 시대부 집안에서 지켜오던 식사법 중에 '식시오관(食時五觀)'이라는 것이 있습니다. 식시오관이란 첫째, 이 음식이 들어간 정성을 헤아립니다. 둘째, 이 음식을 먹을 자격이 있는지 성찰합니다. 셋째, 입의 즐거움과 배부름을 탓하지 않습니다. 넷째, 음식은 약이 되도록 골고루 먹습니다. 다섯째, 인성(도덕)을 갖춘 후에야 음식을 먹습니다. 이처럼 옛 어른들이 식사할 때마다 생각하는 다섯 가지 마음을 아이들에게 가르쳐주고, 먹을 것을 귀하게 여기도록 지도했습니다.

오늘날은 애들의 건강한 생활을 하는데 저해 요인이 되는 편식과 육류 위주의 식사로 인한 비만 내지 과체중을 없애도록 '식시오관'을 현대적으로 재해석하여 '식시육관(食時六觀)'를 지도하도록 하였습니다.

즐거운 마음
식사는 즐겁게 합니다.(부드러운 대화, 생일 축하, 웃어른 공경과 화목한 만찬)

바른 예절
식사 예절을 지킵니다.(음식에 감사하기, 정해진 시간과 일정한 장소에서 식사, 예절 바른 식음)

바른 습관
바른 식습관을 몸에 익힙니다.(편식하지 않고 골고루 먹기, 천천히 먹고 수저 바르게 사용, 과식 말고 식사 후 칫솔질)

건강한 식사
건강을 위한 식사를 합니다.(불량식품과 가공식품 멀리하기, 너무 짜고 맵지 않게 먹기)

근검 절약
낭비 없는 식생활을 합니다.(매식과 외식 줄이기, 덜어서 먹기, 군것질 하지 않기)

환경 보전
음식을 남기지 않습니다.(음식물 찌꺼기 공해 이해, 야외 식사 뒷정리, 비닐봉지와 일회용품 덜 쓰기)

외국의 사례로 먼저 미국의 케네디가의 식사 시간 이야기입니다. 케네디가는 식사 시간을 잘 활용한 가문으로 유명합니다. 어머니 로즈 여사는 식사 시간을 어기면 밥을 주지 않았는데 자녀들에게 약속과 시간의 소중함을 일깨우기 위해서였습니다. 식사 시간 중에는 미리 읽었던 신문 기사에 대하여 사회의 의견을 나누곤 했는데, 이것이 훗날 케네디가 다른 사람과 논쟁에서 뛰어난 능력을 발휘하는 데 큰 힘이 되었습니다.

노벨상 수상자의 30%를 배출한 유대인들에게 가족이 함께하는 식사는 특별한 의미를 갖는 가족의식입니다. 매주 금요일은 항상 가족이 모여 감사의 기도로 식사를 시작하고, 식사 시간이 하나의 의식처럼 성스럽게 지속됩니다. 유대인의 자녀는 자연스럽게 대화하면서 밥상에서 예절을 익히고 전통을 접하면서 감사하는 마음을 갖게 됩니다. 유대인은 밥상에서 어떤 잘못이 있어도 절대 자녀를 혼내는 일이 없습니다. 꾸짖는 일이 있으면 식사 이후로 미루는데, 이는 유대인 부모들이 밥상머리에서 가족과 나누는 대화를 소중하게 생각하기 때문입니다. 유대인에게 밥상머리는 유대인 가족의 전통과 공동체 의식이 전수되는 교육의 장입니다.

그럼, 밥상머리교육은 무엇이 좋을까요? 여러 나라와 여러 대학교의 밥상머리교육에 관한 연구 결과를 유형화하여 제시합니다.

첫째, 아이들이 민주시민으로서의 갖추어야 할 예의 바른 행동을 익힙니다.

위에서 살펴본 우리나라의 밥상머리교육은 물론 외국의 밥상머리교육의 사례와 같이 아이들이 경험해야 할 전통예절을 익히고 더불어 사회생활을 할 수 있는 자질인 소통과 공감, 인간 사랑을 익힐 수 있습니다.

둘째, 아이들이 똑똑해집니다.

하버드 대학교의 캐서린 스노우 교수의 연구 결과 부모가 책을 읽어 줄 때 나오는 단어는 140여 개에 불과하지만, 가족식사 중에 나오는 단어는 1,000여 개에 달했습니다. 콜롬비아 대학교에서 A, B학점을 받는 학생은 C학점을 받는 학생에 비해 주당 가족식사 횟수가 현저히 높았습니다. 일본 시골 지역인 아키타 현이 2007년,

2008년 전국 학력평가에서 제일 높은 점수를 받았는데, 연구 결과 이 지역은 다른 지역보다 가족과 함께 식사를 많이 한 것으로 나타났습니다. 이러한 결과는 가족식사 시간에 가족들과의 풍부한 대화는 자녀의 어휘력에 긍정적인 영향을 주고 문제해결능력에도 긍정적인 영향을 주어 학업성취도와도 연결된다는 논지입니다.

셋째, 아이들이 안정감을 느낍니다.

콜롬비아 대학교 약물오남용예방센터(CASA)에 의하면 가족과 식사를 자주하는 청소년에 비해서 그렇지 않은 청소년들은 흡연하는 비율이 4배 높고 음주하는 비율이 2배 높았습니다. 미네소타 대학교의 청소년 식생활 조사에서 미니애폴리스·세인트폴 학생 4,000명을 대상으로 조사한 결과 가족식사의 빈도는 흡연, 음주, 마리화나 남용, 우울증, 자살률과 반비례하는 것으로 나타났습니다. 이러한 결과는 가족과 함께 둘러앉은 밥상머리가 자녀들에게 따뜻하고 포근한 안식처가 되어주는 역할을 한 결과입니다.

예컨대 우리 아이들이 어떤 인성을 갖춘 그릇으로 자랄 것인지 가늠하는 척도는 인간으로 태어나서 최초의 학교인 가정에서 최초의 교사인 부모님과 함께 식사하면서 배우는 밥상머리교육이 큰 몫을 차지한다고 감히 역설하고 싶습니다. 밥상머리에서 학습한 기초적인 생애 공부는 청소년 때 학교에서 익힌 공부보다도 훨씬 시너지 효과가 있습니다. 가장 따뜻한 학교라는 가정에서 가장 따뜻한 부모님으로부터 전수받은 가르침이 몸과 마음에 쉽게 체질화

되고 감화하기 때문입니다. 큰 나무가 지탱할 수 있는 힘은 튼튼한 뿌리가 있기에 가능하듯이 가정에서 이루어지는 밥상머리교육은 곧 품격 높은 인성을 쌓을 수 있는 뿌리입니다.

인권은
마침표가 없다

세계인권선언(1949)**에서** 인권(Human Rights)은 '인간의 권리를 넘어 인간이기 위한 권리, 인간이 되기 위한 당연한 권리'라고 선언했습니다. 우리나라의 국가인권위원회법에서도 '인간으로서의 존엄과 가치 및 자유와 권리'라고 정의했습니다. 그럼, 한국의 인권은 어느 수준인지 질문을 한다면 다음과 같이 답하면 되지 않을까 생각합니다.

한국은 국제무역 규모, 외환 보유액, 세계기업환경, 법적분쟁 해결, 전기연결, 휴대전화 출하량, 반도체 매출액, 전자정부지수, 인천공항 기준 공항화물처리, 국제회의 개최 건수, 교육성취, 경제 역동성, 경제 규모, 문자 해독률과 평균수명, 인간개발지수(Human Development Index) 등은 최소한 10위권 내외의 지표로 세계 상위권에 속합니다. 한국은 이제 전세계 비교보다 선진국 클럽인 국제개발협력기구(OECD) 내의 비교가 더 의미 있을 정도로 덩치가 커졌습니다.

그러나 한국의 또 다른 얼굴을 보면 부끄럽기 그지없습니다. 정치 불안정지수, 국제투명성기구의 부패지수, 세계평화지수, 국회의원과 장차관 수로 계산한 여성의 정치권 권력 공유, 여성보건의 질, 여성의 경제 참여도와 기회, 국민건강의 질, 삶의 질, 국제인권단체 프리덤하우스가 제시한 한국언론자유지수 등의 지표는 세계에서 중하위권에 속합니다. 한편 2016년의 우리나라는 자살률은 2003년 이후부터 OECD 국가 중 부동의 1위, 세계경제포럼 발표 성평등 기준은 세계 116위, OECD 국가 중 노동시간은 멕시코에 이어 세계에서 두 번째, 우리나라의 인구 전체 빈곤율은 14%로 OECD 평균 12%보다 조금 높지만 65세 이상 인구의 빈곤율은 48.8%로 세계 1위의 불명예를 안고 있습니다.

지금까지 살펴본 한국의 지표는 외형과 내실의 격차가 대단히 큽니다. 우리나라는 큰 그림으로 봤을 때 먹고사는 문제와 물질적 축적에서 굉장한 발전을 이뤘음을 부정할 수 없습니다. 그럼에도 불구하고 인간이 기본적으로 누려야 할 것 중 인권분야는 상대적으로 불명예를 지닌 후진국형입니다.

우리나라의 열악한 인권을 바로 세우기 위해서는 무엇보다도 국가의 책무성이 크다고 하겠지만, 인권교육이 학교교육에서 지속적으로 이루어져야 하는 당위성을 지니고도 있습니다. 인권교육은 인간이 가진 기초적이고 보편적인 권리로서 자신이 가진 권리를 알고, 인권을 존중하고 인권을 보호하기 위한 행동양식과 기술, 인권을 존중하는 태도의 형성을 동시에 추구하도록 하기 위한 일체의 교육적인 노력을 일컬었습니다. 이와 같은 인권교육은 올바른 인성을 다지는 핵심적인 기능을 담당하고 있는데, 인권교육은 감성지수를 길러주는 방안으로 전개되어야 합니다.

서울 도봉초등학교 4학년 6반 학생을 대상으로 담임 강현정 선생님께서 2003년 9월 15일 이루어진 인권수업에 관한 내용을 소개합니다. 이날 수업은 '진정한 의미의 평등'에 주안점을 두었습니다.

"지금 여러분은 전쟁으로 모든 것이 파괴된 마을에 도착했습니다. 여러분이 가진 것은 빵 한 덩어리뿐이고, 다음 구조대원이 오려면 한참을 더 기다려야 합니다. 그런데 먹을 것을 필요로 하는 사람은 모두 4명입니다. 5일 굶은 11살 어린이, 2일 굶은 90살 할머니, 25살 여성, 건장한 25살 청년입니다. 그들에게 어떻게 빵을 나눠줘야 할까요?"

담임인 강현정 교사의 말에 아이들이 귀를 쫑긋 세웁니다. 강 교사의 설명이 끝나자 아이들은 골똘히 생각에 잠긴 채 '빵 나누기'를 시작합니다. 활동지에 그려진 원(빵) 안에 선을 그어 4명의 몫을 나눈 뒤, 그렇게 나눠 준 나름의 이유를 적습니다. "다 나눴나요?

누가 먼저 발표해 볼까요?" 강 교사의 말이 끝나기가 무섭게 아이들이 앞다퉈 손을 듭니다.

A학생: 배고픈 것은 누구나 마친가지기 때문에 똑같이 나눠줘야 해요. 다르게 나눠주면 조금 받은 사람은 차별받았다고 불편할 거예요. 그러니까 4등분해서 똑같이 나누는 게 가장 공평해요.

B학생: 할머니는 건강이 안 좋아 돌아가실 위험이 크니까 가장 많이 주고, 11살 어린이는 가장 많이 굶었으니까 두 번째로 많이 줘야 해요. 또 여성은 청년보다 몸이 약하기 때문에 세 번째로 많이 줘야 하고, 청년은 건강하니까 가장 조금 줘야 돼요.

아이들은 나름대로 똑같이, 또는 다르게 빵을 나눠 준 이유를 설명하느라 여념이 없습니다. 굶은 기간, 나이, 건강에 따라 다르게 나눠 줘야 한다는 쪽이 3분의 2가량입니다. 누구에게 더 많이 줘야 하는지에 대해서는 약간의 차이가 납니다.

할머니는 연세가 많아 어차피 곧 돌아가실 테니까 빵을 주지 않아도 된다는 다소 '섬뜩한' 주장도 나옵니다. 한동안 아이들의 발표가 이뤄진 뒤, 강 교사의 설명이 덧붙여집니다. "생명은 다 소중해요. 할머니라고 해서 덜 소중한 것은 아니겠지요. 그렇다면 빵을 어떻게 나누는 것이 가장 공평할까요? 선생님이 보기에는 생명의 위험이 가장 큰 약자에게 가장 많은 빵을 주는 것이 옳은 것 같아요. 생명의 위험이 덜한 사람과 더한 사람을 다르게 대하는 것이 차별일까요? 세금으로 지하철역에 장애인용 편의시설을 짓는 것은 어떻게 봐야 할까요? 우리 한 번 생각해 봐요." 하면서 궁금증을 심어줍니다.

강 교사는 "진정한 평등을 위해서는 똑같이 나누는 것만으로는 부족하고 어려운 처지의 사람을 먼저 도와줄 수 있어야 한다는 점을 아이들에게 깨닫게 해주는 것이 '차별과 평등' 수업의 목표"라고 말했습니다. 이외도 강 교사는 창의적재량활동 시간에 '자기 표현하기', '서로 이해하기', '권리 찾기' 등을 주제로 인권교육을 실천에 옮기면서 인권의 이해와 공감능력을 키우기에 애썼습니다.

강 교사는 "인권교육은 나와 내 권리가 소중하고, 그러므로 다른 모든 사람과 그들의 권리도 소중하다는 것을 깨닫게 하고, 나와 다른 사람의 차이를 있는 그대로 존중하는 마음을 갖도록 하는 교육"이라며 "아이들에게 자연스럽게 인권 감수성을 길러주기 위해서는 초등학교 때부터 체계적인 인권교육을 해야 한다"고 강조했습니다.

그렇습니다. 자신과 다른 사람의 감정을 이해하는 능력과 인간 사회의 삶을 풍요롭게 하기 위해서는 타자 이해를 통한 자기감정을 통제하고 다스릴 줄 아는 능력을 키워주어야 합니다. 즉, 타자의 인권을 이해하며, 인권을 옹호하는 태도에 머물지 않고 타자의 인권존중을 실행으로 옮겨 공감하는 능력을 키우도록 해야 인권이 보장되는 살만한 세상에 다가설 수 있습니다.

인권이 보장된 세상, 한 나라의 인권보장 수준은 국가 품격의 지표이며 국민 인성의 척도이기도 합니다. 그렇기에 2006년 11월 제4대 국가인권위원회 위원장 안경환은 "인권에는 마침표가 없다."고 했습니다. 그리고 2009년 7월에는 퇴임사에서도 "인권은 영원하다."고 인권의 보편적 가치를 역설했습니다.

끝맺는 글

　가까운 지인 중 한 분이신 류종택 선생님께서는 평생 동안 서예(書藝)를 해 오신 분으로 훌륭한 문하생을 두셨습니다. 어느 날 류 선생님께서는 필자에게 이렇게 이야기하셨습니다.

　"인간의 능력은 세상에 태어날 때부터 공평하게 주어졌습니다. 한 인간의 인생을 100%로 가정하고 이 중 30%의 능력은 누구에게나 공평하게 주어졌고, 70%는 자기의 몫입니다. 70%의 노력을 소홀히 한다면 평범한 삶이거나 그보다 못한 삶이 될 것입니다. 감나무에 매달린 홍시를 먹고 싶으면 따서 먹는 자가 70% 노력하는 것입니다. 70% 노력은 꿈을 이룬 힘입니다."

예컨대 류 선생님께서 지도해 주신 기본 서법을 답습한 수강생들은 일정한 기간 동안에는 능력의 차가 크지 않았다고 합니다. 그러나 우수한 서예 작가들의 글씨를 접하는 경험을 자주 갖거나 기본 서체를 응용하여 발전적으로 예술성과 심미적 조형성을 겸비한 개성적인 서체를 개발하고 지속적인 습작을 소홀히 하지 않은 수강생은 각종 경연대회에서 우수한 등급으로 입상하는 기회가 더 많았다고 합니다. 또한 이들은 서예 능력이 인정되어 추천 작가 및 초대 작가로 선정되는 경우가 많았다고 합니다.

　훌륭한 문하생을 둔 류 선생님께서는 개인의 역량과 노력과 함께 최적한 환경을 가꾸어 '꿈은 개성교육에 의하여 만들어 간다'는 3:7의 담론을 체험으로 전해 주셨습니다.

참고문헌 및 도움자료

- 강치원(2013), 『토론의 힘』, 느낌이있는책.
- 김정휘, 주영숙(1993), 『영재학생을 위한 교육』, 교육과학사.
- 김용모(2014), 『아이들에게 사랑 나누어 주는 교사』, 2013 한국교육신문주체 교단 수기공
  모 금상(충북 형석고 교사).
- 김만곤(2005), 『보고 읽고 생각하는 아이로 키워야 한다』, 아침나라.
- 김대수(1993), 『태도형성교육』, 유신출판사.
- 김병만(2011), 『꿈이 있는 거북이는 지치지 않습니다』, 실크로드.
- 김용옥(2014), 『도올의 교육입국론』, 통나무.
- 김일남(2010), 『사회과교육탐구』, 동방미디어.
- 김일남(2006), 『의사결정과정의 인식 전환 논리 -학교학습을 중심으로』, 127차 월례연구
  발표회 자료집, 한국사회과교육학회.
- 박병학(1986), 『발문법원론』, 세광출판사.
- 박효정 외(2011), 『내 공부의 내비게이션 자기주도학습』, 교육과학기술부·한국교육개발원.
- 박희병(1998), 『선인들의 공부법』, 창작과 비평사.
- 신광재 외(2011), 『토론을 알면 수업이 바뀐다』, 창비.
- 안경환(2006), 『인권에는 마침표가 없다』, 인물과 사상 12월호 제104호, 인물과 사상사.
- 안춘근(1989), 『독서의 지식』, 범우사.
- 유승우(2001), 『인적자원개발』, 도서출판문음사.
- 윤재풍(2000), 『조직학원론』, 박영사.
- 이관용 외 3인 역(1992), 『학습의 이론』, 적성출판사.

- 이광연(2013), 『생각은 How가 아닌 왜(How)를 묻는 과정』, 삼성앤유 페이스북.
- 이성진(1986), 『교육심리학서설』, 교육과학사.
- 이성호(1999), 『교수방법의 탐색』, 양서원.
- 이승환(2003), 『아이들은 닭이 아니다』, 고려대학교 교우회보, 월간 제399호.
- 이용석(2010), 『신나는 학습법』, 대교출판.
- 이희도 외(4인), 『수업의 이론과 실제』, 서울: 중앙적성출판사.
- 피터 드러커 저, 이재규 역(2007), 『21세기 지식경영』, 한국경제신문.
- 삭티 거웨인, 박윤정 역(2000), 『그렇다고 생각하면 진짜 그렇게 된다』, 도솔.
- 재클린 브룩스, 마틴 브룩스 저, 추병완, 최근순 역(2001), 『구성주의 교수·학습론』, 도서출판 백의.
- 교육과학기술부(2012), 『밥상머리교육』.
- 교육부(1992), 『밥상머리는 교육의 장입니다』.
- 교육학사전편찬위원회(1984), 『교육학 대사전』, 교육출판사.
- 광주광역시교육청(2006), 『마음으로 느끼고 몸으로 움직이는 인성교육』.
- 한국교육개발원(2002), 『교육개발』, 통권 135호, 한국교육개발원.
- 한국교육개발원(2002), 『스스로 공부하는 어린이가 21세기를 지배한다』, 한국교육개발원.
- 고대교우회보(칼럼, 이항애), 2009.3.12. 『21세기 지식경제시대 '지식'』.
- 광주일보(칼럼, 이양희), 2012.2.20. 『도리불언 하자성로』.
- 경향신문, 2015.5.29. 『한국 학생 빨리 배우지만 교수-학습방법 뒤처져』.
- 경향신문(기고, 임종화), 2015.7.24. 『인성, 교육 그리고 법』.
- 경향신문(기고, 김진우), 2015.5.4. 『아이들 키우는 건 답이 아닌 질문』.

- 경향신문(기고, 최병준), 2017.1.6. 『국가의 꿈, 시민의 꿈』.

- 경향신문, 2017.1.12. 『오바마의 8년 고별 연설: 우리 해냈고, 또 할 수 있다』.

- 매일경제(인터뷰, 이스라엘 노벨상 수상자 아론 치애하노베르 교수), 2015.4.23. 『한국학생들 질문하지 않는 문화가 창의성 저해』.

- 전남대학교 경영전문대학원(2014), 『변혁의 시대, 그리고 리더십』1, 2권.

- 중앙일보, 2013.5.13. 『더불어 사는 능력 한국 꼴찌 수준』.

- 한겨레(오피니언, 조효제), 2013.11.12. 『한국 인권의 국제적 수준』.

- 한겨레(함께하는 교육), 2003.9.22. 『폐허 속 빵 한 덩이 어떻게 나눌까요』.

- 한겨레(함께하는 교육), 2007.2.13. 『우리 아이 정서 지능은』.

- 한겨레(함께하는 교육), 2009.10.12. 『유학생에게 들어보니; 강의 80% 토론·발표』.

- 한겨레(21세기 하멜이 본 한국, 예로머 더빗), 2009.10.12. 『한국 학생들 왜 자꾸 '정답'만 묻나』.

- 한겨레(세상읽기, 박구용), 2007.2.21. 『지는 것을 알아야 자유롭다』.

- 한겨레, 2011.8.4. 『직장 내 회의 문화』.

- 한국일보, 2016.6.5. 『OECD 국가별 아동의 삶의 만족도와 아동의 스트레스 원인』.

- 한국일보, 2016.5.31. 『지출항목별 고소득 저소득가계의 지출 격차』.

- 한국일보(칼럼, 정병진), 2015.7.22. 『인성교육진흥법 시행유감』.

- 한국일보(삶과 문화, 김경집), 2015.7.01. 『교사는 사표다』.

- 한국일보(윤선생 국제영어교육연구소), 2015.4.24. 『자기주도학습의 첫걸음은 동기부여』.

- 한국일보(세계교육포럼, 노벨평화상 수상자 카알라시), 2015.5.21. 『경쟁에만 치우친 교육보다 사회정의·평등을 가르쳐야』.

- 한국교직원신문(교육공감, 김상근), 2015.4.6. 『천재는 환경에 의해 만들어진다』.

- 한국일보(교육, 좋은교사운동), 2015.5.15. 『제자들 마음은 생각보다 깊답니다』.

- 한국일보(기고, 한기호), 2015.6.15. 『아마존이 우리의 미래일까』.

- 한국교육신문(2014.2.17.), 『시급히 해결해야 할 교육현안문제』.

- 한국교육신문(2013.7.15.), 『묻고 대화하는 '하브루타'의 지혜』.

- 한국교육신문(기고, 김해겸), 2014.3.17. 『유대인 전통 도서관 예시바』.

- 한국교육신문(2014.2.17.), 『KEDI 인성교육 여론조사 2013』.